Sylvie comme allégorie

Sylvie se présente comme un récit. C'est l'écriture d'une aventure arrivée à un personnage qui dit « je » et qui, sans se confondre avec la personne du narrateur, renvoie à celui-ci. Bien qu'il ne soit pas nommé dans le texte, nous appellerons Gérard le « je » du héros et Nerval celui qui est donné comme l'auteur du récit. Il faudrait faire intervenir un troisième homme, celui que l'état-civil appelait Gérard Labrunie et qui, dit-on, a vécu dans la réalité un certain nombre d'événements transposés dans le récit ; mais pour le lecteur de *Sylvie,* c'est ce dernier « je » qui a le statut le moins sûr. Cette dissociation du « je » est nécessairement compensée par l'unité de la narration. Quel en est le sujet ? Nous le demanderons à Nerval lui-même, au moins comme hypothèse de lecture. C'est, écrivait-il à Maurice Sand le 5 novembre 1853, dans une lettre importante que nous citons en appendice, « un amour de jeunesse ». Plus précisément, c'est l'histoire d' « un Parisien, qui au moment de devenir épris d'une actrice, se met à rêver d'un amour plus ancien pour une fille de village ». Tout le monde a reconnu Sylvie dans sa relation avec Aurélie.

Et Adrienne ? Nerval n'en parle même pas dans sa lettre, alors que la critique a eu tendance à la privilégier. Erreur de jugement ? Il ne nous déplaît pas de constater que, comme Sylvie est en tête par le titre, elle a été comprise par Nerval comme étant au centre de son récit. Ce qui veut dire, non qu'Aurélie et Adrienne ne comptent pas, mais que *Sylvie* n'est pas *Aurélia.*

Sans avoir la complexité d'*Aurélia, Sylvie* n'est pas pour autant qu'une belle et touchante histoire. Certes on peut la lire comme une « action poétique » (ch. XIII) qui met aux prises un jeune homme avec trois jeunes filles et qui est achevée lorsque, semble-t-il, toutes les trois ont échappé à sa prise. Récit, *Sylvie* l'est pleinement, sans tricher avec ce que la tradition baptise ainsi et sans lorgner du côté de ce qu'on appelle aujourd'hui « l'aventure d'une écriture ». Mais il faut le lire aussi à un autre niveau, comme signifiant d'une autre quête ou, plutôt, d'une autre perte, s'il est vrai, comme on l'a dit, que *Sylvie* est la « nouvelle de la perte par excellence [1] ». Cette lecture à deux niveaux — deux niveaux conjoints — correspond tout à fait à ce qu'on attend, selon Fontanier, de l'allégorie : « L'allégorie consiste dans une proposition à double sens, à sens littéral et à sens spirituel tout ensemble. »

Nous ne sommes pas le premier à parler d'allégorie à propos de *Sylvie* puisque, entre autres, G. Poulet, dès son étude de 1938, y voit « une allégorie métaphysique, qui a pour sujet la destinée humaine [2] ». Pour le faire, il est bon de s'assurer qu'on y est autorisé par le texte et d'en considérer d'abord le mécanisme. Or Nerval lui-même, par deux fois au cœur de son récit, dans le chapitre VII qui est le dernier de la recomposition des souvenirs avant le choc de la réalité, invite expressément son lecteur à participer à la poétique des transpositions allégoriques : à la vue des peintures de Châalis auxquelles il trouve « des airs d'allégorie païenne », ensuite en présence du mystère joué par Adrienne et assimilé à « une sorte de représentation allégorique ». Même à cette place charnière et sous cette forme redoublée, l'indication pourrait n'être qu'une coïncidence. Mais c'est tout le système narratif de *Sylvie* qui fonctionne sur deux registres. Un des mots qui revient le plus souvent dans le texte est celui d'*image* qui est comme le mot de passe d'un monde à un autre : « C'est une *image* que je poursuis » (ch. I), « j'emportai cette double *image* » (ch. II), « on avait reproduit une *image* des galantes solennités d'autrefois » (ch. IV), « c'était l'*image* de sa jeunesse » (ch. VI), « tout à coup je pensai à l'*image* vaine » (ch. VIII), « je vais alors coucher à l'*Image Saint-Jean* » (ch. XIV). Du mot il est facile de glisser à la chose, la facilité étant, en l'occurrence, à mettre au crédit de l'art du narrateur. Continuellement, celui-ci nous fait passer du « sens littéral » au « sens spirituel »: par nos cortèges nous ne faisions que répéter une fête druidique (ch. I), nous étions sur la pelouse du château et pourtant nous pensions être en paradis (ch. II), des adolescents se sont déguisés et ils deviennent « l'époux et l'épouse » (ch. VI), une jeune fille joue dans une pièce de pensionnat et c'est « Adrienne transfigurée par son costume » (ch. VII). Tout est transfiguration, jusqu'à, pour finir, l'ensemble du récit qui devient « l'idylle antique, traduite une seconde fois d'après Gessner » (ch. XIV). On croirait écrite pour *Sylvie* cette définition récente de l'allégorie : « La composante littéraire (en tant qu'elle se différencie des composantes culturelle, historique, sociologique) qui

---

1. K. SCHÄRER, *Thématique de Nerval*, p. 10.
2. *Trois Essais de Mythologie romantique*, p. 15.

est déterminante de l'allégorie, est une orientation vers un système de significations imagées au-delà et au-dessus du système sémantique [1]. »

Quand on lit *Sylvie* dans cette optique, on est frappé par la place qui est faite au soleil et à ses substituts ; par là nous entendons non seulement différents objets lumineux (lustre, lune, étoiles), mais aussi d'autres référents que l'imagination mythique rapporte au soleil (bouquets, arc, cygne, etc.). Ce phototropisme se manifeste dès l'apparition de l'actrice « belle comme le jour..., pâle comme la nuit..., brillant dans l'ombre de sa seule beauté » (ch. I). Les feux du soleil couchant, puis ceux de la nuit éclairent la scène suivante sur la pelouse (ch. II). Même éclairage dans le voyage à Cythère (ch. IV). La visite à la tante d'Othys baigne littéralement dans la clarté avant de se terminer dans le rayonnement solaire du « beau matin d'été » (ch. VI). Tous ces épisodes se déroulent sur fond de nuit. A partir du chapitre VIII, le jour s'est levé, « l'été rit » et c'est plus que jamais en termes de lumière, mais de lumière dégradée, qu'est exprimée la désillusion des retrouvailles avec Sylvie. Le soleil du souvenir n'est pas retrouvé. Elle est même perdue, l'étoile d'Ermenonville, « belle et rose comme l'astre trompeur d'Aldébaran » (ch. XIV) qui est formé, selon J. Richer, « de deux soleils qui tournent l'un autour de l'autre [2] ». Rien d'étonnant si, à Dammartin, « l'on n'arrive jamais que le soir » (ch. XIV), c'est-à-dire lorsque le soleil est couché !

On n'a pas assez remarqué, dans le radieux chapitre VI *(Othys)*, une petite phrase qui est porteuse de toute l'espérance de la quête : « Cela [la tante penchée sur le foyer] me fit penser aux fées des Funambules qui cachent, sous leur masque ridé, un visage attrayant, qu'elles révèlent au dénouement, lorsque apparaît le temple de l'Amour et son soleil tournant qui rayonne de feux magiques. » Comme à la fin de la *Flûte enchantée* de Mozart. C'est ce « soleil tournant » que le versant occidental du récit n'a pas réussi à relancer et qui fait défaut au dénouement, même si, encore, « le sourire athénien de Sylvie illumine ses traits charmés » (ch. XIV). Il n'eût été rien d'autre que le soleil du « matin de la vie » que la montée dans le Valois voulait rallumer contre toutes les menaces du soleil noir. SYLVIE OU NERVAL À L'ENSEIGNE DU SOLEIL D'OR. Sans solution de continuité avec le soleil dans la nuit que représentent (aux sens théâtral et symbolique du mot) Aurélie et Adrienne. Et descendre, pour finir, à l'*Image Saint-Jean* (saint Jean d'été ou saint Jean d'hiver), c'est tenter de croire que son destin a encore partie liée avec le solstice. Qui ne le croit ? L'homme à la recherche du soleil, voilà ce que montre *Sylvie.* Toute l'ambition de l'entreprise est contenue en germe dans l' « illumination » de la fin du chapitre I et son échec, au moins relatif, dans la grisaille du dernier. L'aventure avec Sylvie, c'est-à-dire la partie centrale, s'achève, en fait, au moment où elle le quitte sur ces mots : « Il faut que demain je sois levée avec le soleil » (ch. XI). Une autre vie commence pour elle dont Gérard, lui, est exclu.

Pourtant l'allégorie ne s'arrête pas là ; nous ne sommes qu'à mi-course de son dévoilement. Le soleil n'est pas un but, mais une image. « Dieu, c'est le soleil », dira Nerval dans *Aurélia* selon l'enseignement de son oncle. Le soleil, c'est Dieu, tente-t-il de dire dans *Sylvie,* où la visite à la maison fermée de l'oncle (ch. IX) est un signe qui ne trompe pas. Dieu, c'est-à-dire le sacré, c'est-à-dire le « tout autre » comme l'ont défini nos modernes

---

1. Gayatri SPIVAK, dans *Poétique*, 1971, *8*, p. 439.
2. *Expérience et Création,* p. 310.

historiens des religions (R. Otto, M. Eliade). A travers le mythe solaire, c'est la quête du sacré que nous semble décrire *Sylvie* et, en écrivant cela, nous n'avons pas l'impression de dépasser les intentions de son auteur qui a assimilé ses épreuves à celles des initiés d'Eleusis (ch. XIII). Rechercher le sacré [1], c'est vouloir que les choses et les gens ne soient pas seulement ce qu'ils sont, et le respect, l'adoration même commandent tout naturellement l'attitude de Gérard en présence des trois femmes qu'il est amené à connaître de plus près : pas trop près, précisément. On n'a pas de peine à l'admettre pour Aurélie et Adrienne dont les apparitions sont entourées de mystère. Mais c'est aussi vrai de Sylvie et de son « sourire divin » (ch. V). Avec elle, Gérard s'est fait un sacré à sa mesure et à sa portée. Du moins le croit-il. C'est à propos d'elle que le narrateur emploie justement le terme de *sacré,* le soir où il doit constater qu'elle est à jamais perdue pour lui : « Un amour qui remonte à l'enfance, note-t-il, est quelque chose de sacré » (ch. XI). L'enfance et le sacré ! N'est-ce pas ce « quelque chose de sacré » et de bien réel néanmoins (M. Eliade insiste sur le rapport nécessaire entre les deux) qu'il a tenté de conquérir (R. Girard a mis à nu récemment le lien entre la violence et le sacré) et qu'il renonce finalement à s'approprier ?

De toute façon, il n'y avait pas d'autre issue. Gérard renonce à épouser Sylvie, parce qu'elle a changé, mais aussi parce que sur elle pesait la menace de l'inceste : « Sylvie, que j'avais vue grandir, était pour moi comme une sœur. Je ne pouvais tenter une séduction » (ch. XI). A son corps défendant il délègue ses intentions à son *frère* de lait, « figuration solaire peut-être », comme A. Grossvogel appelle le grand frisé [2]. La « sœur », à l'égal de la religieuse et de la comédienne, est marquée d'un interdit. Au-delà d'une certaine limite se profile le risque de *profanation,* comme le matin où il eut « un instant l'idée de jeter un coup d'œil par-dessus les murs » du couvent de Saint-S... (ch. V). Mais à ne pas vouloir ou à ne pas pouvoir dépasser cette limite, ce sont les signes du sacré qui s'inversent et s'abolissent : dans la campagne autour de Loisy, les poteaux n'offrent plus que des caractères effacés, les temples sont en ruine, la végétation dépérit, il n'y a pas de clocher à Ermenonville où l'on a bien négligé l'église. Alors, le *profane* l'emporte et s'installe.

L'allégorie que raconte au second degré *Sylvie* est bien celle de la perte du sacré, donc du triomphe du « sens littéral » sur le « sens spirituel ». Elle se retourne contre elle-même, mais dans le même mouvement, elle retourne à elle-même, à ses sources, car tout autant que la perte du sacré, elle en dit la nostalgie. Le mal du retour est la force — et la forme — qui entraîne l'action à commencer et à recommencer. A recommencer par l'écriture lorsque l'aventure touche à son terme. *Sylvie* pourrait être, dans les limites de son genre mais aussi dans l'expansion de son symbolisme, l'*Odyssée* de l'homme (l'âme ?) moderne.

---

1. On trouvera des analyses un peu parallèles dans l'étude des structures du *Voyage en Orient* par G. SCHAEFFER.
2. *Le Pouvoir du Nom*, p. 47.

I

Genèse et structures de la nouvelle

Sylvie, « Minerve souriante », n'est pas sortie toute armée du cerveau de son créateur. Sans entrer dans les arcanes de sa genèse, nous voudrions retrouver quelques étapes de sa lente maturation. En remontant en deçà de sa mise en chantier. Et surtout, en descendant jusqu'au moment où elle existe dans sa forme et dans son instabilité.

1 « Je perle trop »

C. Pichois a révélé un texte publié par Nerval en 1831, donc vingt-deux ans avant la parution de *Sylvie.* Ce texte qui s'intitule *Le bonheur de la maison* est donné par Nerval dans le *Mercure de France* où il a paru comme une traduction de Jean-Paul Richter. Mais C. Pichois soupçonne fort Nerval d'avoir publié sous le nom de Jean-Paul une « composition originale ». Œuvre réduite, simple fragment, mais déjà révélateur.

On y voit deux adolescents, Maria et le narrateur, que sépare le départ d'un oncle et qui étaient tout disposés à s'aimer comme à jouir d'un bonheur tranquille à la campagne. L'accent est mis sur la personnalité de Maria, incapable de se plier à la philosophie de collège : elle était « la poésie sous l'apparence d'une femme, votre rêve et le mien dans sa réalité, les battements de votre cœur traduits et commentés par sa voix, ce qui est en vous depuis que vous êtes, et que vous ne comprenez pas, l'intelligence de l'être, la vie dans sa plus riche expression [1]... ». Avec la perte de Maria, un vide est creusé que rien, semble-t-il, ne viendra combler. Du moins le fragment s'arrête là. Si Maria n'est pas un premier crayon (de la plume même de Nerval) de Sylvie, elle en est la « sœur » aînée, élue par le traducteur pour sa ressemblance avec un modèle qu'il porte en lui. Modèle de jeune fille auquel il sera toujours fidèle, modèle de vie qu'il a, au moins en partie, trahi.

On considère habituellement que le vrai jalon sur la voie de *Sylvie* est *Angélique* : une passion ardente lance sur les routes de France et d'Italie une jeune fille noble du Valois à la suite de son amoureux roturier. Cette histoire d'un autre temps n'aurait apparemment que peu de rapport avec *Sylvie* si elle n'était racontée à la faveur d'une longue déambulation de l'auteur dans le Valois où, sous ses pas, se lève une moisson de souvenirs et de faits qui auront leur place dans *Sylvie*. On pourrait en tout cas mettre en épigraphe aux deux cette phrase tirée de la sizième lettre d'*Angélique* : « Les souvenirs d'enfance se ravivent quand on atteint la moitié de la vie. » Souvenirs d'enfance, résurrection d'une écriture antérieure.

De cette écriture antérieure, Maria et Angélique ne sont pas les seuls témoignages. Ni les plus importants. Des gestes ou, mieux, des scènes comptent parfois plus que des visages. Une scène obsédante nous amène, dans l'œuvre de Nerval, jusqu'à *Sylvie* où elle trouve son épanouissement, celle du mariage d'enfants. Du *Marquis de Fayolle* à *Promenades et Souvenirs,* en passant par le « fragment » (encore un) dit « lettre à Stadler », c'est toujours la même cérémonie archétypale d'un mariage qui, à la fois, a lieu et n'aura jamais lieu. Nous pensons que cette scène (avec tout ce qu'il y entre de théâtralité) a été dans *Sylvie* comme le rameau déposé dans les mines de Salzbourg : là elle s'est développée, autour d'elle s'est cristallisée l'histoire de *Sylvie.* On n'épouse pas Adrienne ni même Aurélie, mais on peut épouser *Sylvie,* comme la fameuse scène en fournissait le gage. Il faut des circonstances dramatiques pour qu'un tel mariage — inscrit dans les lignes du manuscrit palimpseste — échoue. C'est tout le sujet de *Sylvie.* Plus que le sujet, l'enjeu : le jeu de l'amour et du hasard (autre nom du sacré qui ne veut pas se reconnaître pour tel).

De crayon en jalon et de jalon en cristallisation, nous n'avons pas prétendu recréer les conditions de la préparation de *Sylvie,* mais en retrouver des pierres d'attente. C'est selon d'autres étapes que l'œuvre elle-même s'est faite. Il est possible, comme l'écrit J. Guillaume, « que *Sylvie* soit déjà en germe [2] » dès janvier ou février 1851. Dans la période de deux ans et demi qui sépare cette date de la publication, la correspondance [3] fait plusieurs fois allusion à des séjours hors de Paris dans le Valois, pour y faire, comme il dit, « le paysage de mon action » ou encore « un travail de description ». L'année 1852 semble avoir été la grande année de la composition de

---

1. *Etudes germaniques,* janvier-mars 1963, p. 111.
2. *Lettres à Franz Liszt,* Presses universitaires de Namur, 1972, p. 24, note 69, mais aussi p. 28, note 80.
3. Editée par J. RICHER, Pléiade, t. I.

Sylvie, en particulier l'été. Le début de l'année 1853 dut être dur, puis c'est la reprise dans la précipitation : un dernier voyage à Chantilly « pour prendre un paysage » et un dernier coup de collier. Non sans peine, mais non sans succès : « La seule hâte me fait travailler, comme toujours. Sinon, je *perle* trop. »

On a envie d'épiloguer sur cette belle formule de la lettre à V. de Mars du 29 juillet 1853. Elle évoque tout le contraire d'un écrivain écrivant facilement une prose que l'on juge habituellement facile. Elle nous préserve des clichés. Elle nous rappelle que Nerval écrivait d'abord « au crayon sur une foule de morceaux de papier » et qu'il pouvait alors considérer son travail comme fini, alors que tout était à reprendre. A la limite, on ne peut pas ne pas se rappeler que la perle est la maladie de l'huître ! Parallèlement ce terme est gros de tout le soin apporté à son travail et ce soin est lui-même garant de la qualité de l'œuvre. Il l'a repris au moins deux autres fois, pour qualifier, dans les *Nuits d'octobre,* une « jeune fille à la voix perlée » et, dans *Pandora,* « les belles phrases perlées » des proverbes joués à Vienne. Donc toujours avec des connotations favorables. Il ne se peut pas qu'il n'en passe pas quelque chose sinon dans la préparation, au moins dans la réalisation de *Sylvie* : « voix perlée » et « phrases perlées » en caractérisent au mieux l'écriture. Bref, avec cette formule, nous sommes au cœur de la création nervalienne : dans ce qu'elle a de difficile, voire de déficient, mais aussi dans ce qu'elle promet de qualité, voire de transparence.

Tout ce temps et tout ce travail pour une œuvre qui, dans la *Revue des Deux Mondes* où elle paraît le 15 août 1853, n'occupe que 26 pages, soit une de moins que *Mina de Wangel* de Stendhal qui y était parue la quinzaine précédente ! Il n'y avait pas là matière à pavoiser. Rien, non plus, dans le contexte de la revue, ne devait fournir à la perle qu'est *Sylvie* une particulière mise en valeur. Est-ce la raison pour laquelle Nerval a cherché rapidement à lui assurer un autre destin ? Très vite il est question d'impression « à part », de traductions, d'édition illustrée. En particulier dans la lettre à Maurice Sand à laquelle nous nous sommes déjà reporté, Nerval insiste auprès de son correspondant pour qu'il lui fasse « des dessins que l'on convertirait en bois ou en eaux-fortes » et il lui mâche tout le travail en précisant les épisodes qui devraient faire l'objet d'une vignette. Ce projet ne devait pas aboutir, mais il montre bien le cas que faisait Nerval de l'illustration qui aurait pu accompagner son œuvre. Pour lui, il y avait un rapport tout naturel entre l'écriture et l'image : comme si le texte était déjà iconographie et l'iconographie encore le texte. A moins que ce ne soit pour l'écriture une façon d'aller plus loin, jusqu'à une sorte de trans-écriture.

Le destin de *Sylvie* devait être finalement différent. C'est dans les *Filles du Feu,* donc dans un texte plus vaste, que *Sylvie* reparaîtra en janvier 1854. Sans illustrations. Dans cet ensemble, *Sylvie* reçoit un éclairage nouveau. Elle constitue avec *Angélique* et les *Chansons et Légendes du Valois* le versant valoisien du recueil, mais elle est aussi constituée par lui : par les deux œuvres qui l'encadrent ressort davantage l'appartenance de la nouvelle au Valois au beau milieu duquel elle a été composée. Du même coup elle s'oppose au versant campanien des trois autres piécettes que sont *Octavie, Isis* et *Corilla.* Ainsi en l'enracinant dans sa province, l'insertion de *Sylvie* dans les *Filles du Feu* l'a en même temps arrachée à tout risque de provincialisme. Sylvie et ses compagnes rejoignent les autres filles du feu. De la revue au livre, le texte, lui, ne subit que des retouches de détail : des majuscules, un article pour un autre, un singulier pour un pluriel, un passé simple pour un imparfait, une relative au lieu d'un complément, rien d'important. Ainsi, lentement élaborée, la perle a tout de suite brillé de tous ses feux.

2 Le cercle et la ligne droite

Ramenés au texte tel qu'il fut définitivement édité en janvier 1854, c'est lui que dorénavant nous prendrons tel qu'il se présente. Peut-on imaginer récit plus simple ? Et pourtant cette simplicité n'a pas manqué d'être interrogée et, encore plus, ne manque pas d'interroger.

La structure la plus apparente et la plus souvent retenue est celle qui oppose, symétriquement et parfaitement, la seconde à la première partie de *Sylvie.* Elle s'impose à tout lecteur. Elle a été nettement marquée par G. Poulet : « Aux sept chapitres du début vont s'opposer d'un poids et d'un sens égaux les sept chapitres de la fin. La première partie étant l'histoire d'une espérance, la seconde sera celle d'une déception [1]. » La répartition binaire a été reprise récemment par R. Chambers [2] qui, d'un point de vue différent, oppose au « voyage nocturne » la « promenade diurne » et qui, surtout, détache fortement le dernier chapitre, tout en l'incluant dans l'opposition d'ensemble.

Sur cette base que l'on retrouvera toujours plus ou moins, même lorsqu'on s'en défend, d'autres structures ont été proposées ou surimposées à *Sylvie.* J. Richer a pensé pouvoir [3] assimiler la composition de *Sylvie* à la représentation de l'horloge des heures que doublerait la remontée des signes du zodiaque et qui inclurait diverses références aux dates réelles ou imaginaires de la naissance des personnages. Prolongeant sa démonstration, J. Richer a rapproché la composition de *Sylvie* de celle du *Songe de Poliphile,* œuvre néoplatonicienne de la Renaissance admirée par Nerval, et a même cru pouvoir lire dans les titres des chapitres une reconnaissance déguisée de son entreprise. La difficulté de faire correspondre les 14 chapitres de *Sylvie* aux 12 chiffres des heures et aux 12 signes du zodiaque est tournée par le chevauchement, en haut du cadran, des chapitres I et XIII, II et XIV. Pourquoi pas ? Il faut dire que ce jeu de correspondances fait apparaître des complémentarités (entre ch. I et XIII, par ex.) ou des oppositions (entre ch. II et VIII, par ex.) intéressantes, que le recours aux signes zodiacaux cadre parfois assez bien (le signe du Capricorne pour l'actrice capricieuse, celui des Gémeaux pour l'arrivée à Loisy, celui du Bélier pour le Grand frisé), que l'on admet volontiers le principe de départ qui fait correspondre la première heure de la nuit avec le ch. III et l'arrivée à Loisy avec la tranche horaire de VI-VII. Mais d'autres justifications semblent hasardeuses, la référence aux signes n'apporte pas toujours d'éléments nouveaux et, parfois, le texte résiste au moule dans lequel on veut le couler. Pour notre part, nous retiendrons (mise à part notre incompétence à entrer vraiment dans une interprétation astrologique) plusieurs rapprochements, des références nombreuses au mythe solaire et un titre merveilleux pour caractériser *Sylvie* : « Un récit en forme de voûte étoilée. »

A peu près au même moment, L. Cellier a proposé une autre lecture des structures de *Sylvie* [4]. Pour lui,

---

1. *Op. cit.*, p. 50.
2. *G. de Nerval et la poétique du voyage,* Corti, 1969.
3. D'abord dans *Saggi e ricerche di letteratura francese*, vol. VII, puis dans le n° 130 des « Archives des lettres modernes ».
4. Dans « Archives des lettres modernes », n° 131.

la nouvelle se joue, non sur la table du « jeu de l'oie-cygne », mais dans une relation dialectique entre le binaire et le ternaire. Celui-ci l'emporte largement, puisqu'il commande non seulement les mouvements internes de nombreux chapitres, mais aussi la structure de l'ensemble sur le modèle : a B a. Autour d'un panneau central important où les chapitres se correspondent deux à deux :

IV	V	VI	VII
VIII	IX	X	XI

les trois chapitres d'exposition et les trois chapitres de dénouement se disposent selon l'ordre inverse : 1-2-3/3-2-1 (I-II-III/XIV-XIII-XII). Cette structure, qui est plutôt picturale (avec son jeu de reflets), est caractéristique d'une « structure close » et empêche *Sylvie* d'être un « roman initiatique ». L'inverse se produira avec *Aurélia.* L'analyse que L. Cellier fait des correspondances entre le ch. XII et le ch. III est la clef de voûte de la démonstration : elle soutient bien l'édifice. Pour notre part nous relèverons, entre autres apports, la grande place qui est accordée dans cette analyse au personnage de Sylvie : non seulement elle occupe le panneau central, mais elle est aussi présente dans les autres et en particulier dans le chapitre II *(Adrienne).* Tout ce que L. Cellier écrit du « triomphe de la Vie et de la Jeunesse » au ch. IV, du « temps mythique du Cantique des Cantiques » dans lequel s'inscrit le ch. VI, de l'envol du cygne comme « symbole superbe de la résurrection », de l'enjeu général de la nouvelle entre la Vie et la Mort, ne rejoint que trop notre propre lecture allégorique pour que celle-ci n'y ait pas en partie sa source.

Par rapport à ces constructions savantes et souvent convaincantes, il nous semble important de rendre *Sylvie* à la linéarité. Nerval a voulu cette succession de

14 chapitres qui font se dérouler le texte dans l'espace, sans qu'il y ait nécessité ou même utilité de revenir en arrière pour comparer, superposer, opposer. G. Poulet a comparé ces 14 chapitres aux 14 stations du chemin de croix : c'est beaucoup dire, mais c'est souligner la progression irréversible du déroulement linéaire. Le récit finit sur autre chose que ce qui l'avait fait commencer.

Le « telos » de l'œuvre, selon le terme de G. Genette [1], en commande le déroulement. Tout le récit est tendu vers sa fin, si tant est qu'il soit facile de la déterminer. Quelle est la fin de *Sylvie* ? La triple perte de Sylvie (ch. XII), d'Aurélie (ch. XIII) et d'Adrienne (ch. XIV) ? Oui, mais aussi l'accommodement de Gérard avec la vie, lorsqu'il va revoir à Dammartin Sylvie et sa famille, doublant ainsi la fin tragique d'une autre plus ou moins ironique. Peut-être aurait-on aujourd'hui tendance à privilégier une troisième fin ou finalité, qui, là aussi, commande tout le reste : c'est celle qu'implique la nouvelle et qui est l'écriture de l'œuvre. Et si tout existait non pas *parce que* c'est écrit, mais *pour que* ce soit écrit ? *Sylvie* est un récit très littéraire. Sa justification par la littérature, à tous les moments du récit, est moins un paradoxe qu'une tautologie.

Rendre *Sylvie* à la linéarité n'est donc pas installer le récit sur le tapis roulant de la relation de cause à effet. Au contraire, ce serait plutôt, ainsi que l'a dit Genette, expliquer les causes par les effets : pourquoi le narrateur a-t-il opposé la Sylvie du souvenir à celle de la réalité, sinon parce qu'il fallait que celle-ci soit perdue pour lui ! D'autre part, tous les épisodes ne remplissent pas la même fonction, ne fonctionnent pas au même régime : certains sont nécessaires à l'action (ch. III), d'autres appa-

1. Dans *Figures II*.

remment superflus (ch. VI), certains traînent en longueur (courses dans le Valois des ch. IX-X-XI), d'autres précipitent les événements (ch. XIII), etc. Cette linéarité n'est pas en contradiction avec les changements de plans du récit qui font que l'on passe de telle époque à telle autre. Elle rejoint l'expérience merveilleuse que tout lecteur a faite la première fois où il a lu *Sylvie* et où les épisodes succédaient les uns aux autres sans que la distinction soit toujours faite entre ce qui était vécu et ce qui était remémoré, entre tel âge et tel autre, entre le jour et la nuit. Elle veut surtout prendre pour ce qu'elle est la suite des chapitres et préfère « l'arbitraire du récit [1] » à celui de toute redistribution.

De ce mélange d'enchaînement (d'un chapitre à l'autre) et de souplesse (dans le traitement des épisodes), la guirlande des titres est le meilleur signe. Il est sûr qu'ils découpent l'œuvre en fragments, qu'ils constituent des unités autonomes, qu'ils empêchent le récit d'être ce « ruban continu » ou « amorphe » que, selon Saussure, la phrase non plus ne saurait être. *Nuit perdue, Adrienne, Résolution, Un voyage à Cythère, Le village, Othys,* etc. sont des titres suffisamment hétérogènes et énigmatiques pour que le récit ne soit pas donné comme pur et simple mécanisme. Néanmoins, ce sont des poteaux qui jalonnent une route que l'on sait être continue et qui, entre eux, peuvent presque donner à lire toute l'œuvre, au moins à un certain niveau qui serait très proche du poème [2]. Continuité et discontinuité des titres comme des chapitres, ainsi va l'œuvre : *Sylvie* sait parfaitement se tenir à égale distance de la nécessité et de la gratuité.

Il faut que nous aussi, pour la compréhension de ce qu'elle est, nous sachions nous tenir à égale distance de l'image du cercle vers laquelle tendent les analyses de J. Richer (la ronde des heures) et de L. Cellier (la structure close) et de l'image de la ligne vers laquelle nous avons tiré *Sylvie*. C'est ce qu'a très bien exprimé S. Felman qui écrit du rapport du narrateur aux femmes qu'il a aimées : « Non seulement le lyrisme nervalien dissémine [...] la ligne droite par le cercle, mais le cercle lui-même est disséminé par ses propres puissances divergentes, ex-centriques, par le mouvement textuel qui est un mouvement de *décentrement* [3]. » C'est bien ainsi que nous semble être, sinon la structure, du moins le « mouvement textuel » de *Sylvie* : un compromis entre le cercle et la ligne droite. Mais cette figure existe-t-elle ? Peut-elle exister ailleurs que dans l'idéal ? Alors nous dirons que la construction de *Sylvie* relève d'une figure idéale. Juste compensation pour le narrateur Nerval de ce que le héros Gérard n'a pas trouvé dans la vie. Il faut bien qu'il y ait une revanche de la littérature, sinon quelle raison y aurait-il, comme Proust le dit de Bergotte, pour que l'artiste « se croie obligé de recommencer vingt fois un morceau dont l'admiration qu'il excitera importera peu à son corps mangé par les vers... » Que *Sylvie* puisse exister comme forme d'équilibre dans cet espace de géométrie non-euclidienne où le cercle se fait ligne droite et inversement, c'était la meilleure récompense que puisse recevoir l'homme qui avait écrit ces quelque trente pages au prix de beaucoup de déplacements, d'atermoiements et de difficultés. Mais savait-il au fond (nous ne disons pas : pour le fond) ce qu'il avait écrit ?

1. *Figures II*, chapitre : « Vraisemblance et motivation ».
2. Comme dans le vers d'Eluard : *Myrtille lave galon cigare...*
3. « Lyrisme et répétition », in *Romantisme*, 6, 1973.

3 Roman ou nouvelle ?

A en juger par les termes de la lettre à Maurice Sand, Nerval hésitait entre trois dénominations pour caractériser *Sylvie* : « J'ai écrit il y a trois ou quatre mois un petit roman qui n'est pas tout à fait un conte. [...] La nouvelle vous indiquera suffisamment... » Petit roman, conte, nouvelle, auquel de ces trois genres s'apparente le plus *Sylvie* ?

On peut dire que la question n'a pas de sens ou pas d'intérêt et que c'est une simple affaire de dénomination. La preuve nous en serait fournie par Nerval lui-même qui n'arrive pas à choisir entre les trois. D'autre part, les genres évoluent tellement que leur flottement rend vain tout essai de classification. Pourtant, comme l'écrit G. Genette, « il n'est peut-être pas vrai, ou plus vrai, que les genres vivent, meurent et se transforment, mais il reste vrai que le discours littéraire se produit et se développe selon des structures qu'il ne peut même transgresser que parce qu'il les trouve, encore aujourd'hui, dans le champ de son langage et de son écriture[1]. » Donc l'appartenance à un genre n'est pas indifférente.

Sylvie « n'est pas tout à fait un conte », écrivait Nerval, pensant peut-être au récit de Diderot intitulé précisément *Ceci n'est pas un conte* et voulant probablement dire que son histoire n'était pas de la pure fiction. Il ne viendrait à l'esprit de personne de ranger *Sylvie* dans la catégorie du conte, du moins au sens traditionnel du mot. Pourtant il n'est pas sûr qu'il n'en passe pas des éléments, et la restriction mise par Nerval à sa négation laisse la porte entrouverte à ce passage. Si, même, la déception est au bout, l'œuvre baigne dans un climat de merveilleux assez marqué. Certains personnages, plus ou moins importants, mais non indifférents, ont des comportements de fée (la vieille tante d'Othys) ou de magicien (le père Dodu qui récite ses versets à l'envers). On ne sait pas si certains épisodes, comme le voyage à Cythère, se passent dans notre monde ou dans un autre, si grand est l'enchantement. D'autres lieux, au contraire, inspirent une peur panique, comme l'étang près d'Ermenonville : « Il faut échapper à l'air perfide qui s'exhale... » (ch. IX). Les chansons populaires, plusieurs fois citées, rattachent le récit à des événements codifiés, ceux que l'on trouve dans les contes où l'on voit « une princesse enfermée dans sa tour » ou encore « trois belles filles » comme à Dammartin. Le mariage entrevu ou remémoré à Othys se prépare et se célèbre selon les rites qui étaient ceux des « mythes et croyances de l'Ancienne France ». Lorsque Gérard descend pour finir à *l'Image Saint-Jean*, il fait référence au moins implicitement aux célèbres feux qui étaient une « survivance d'un culte du soleil [2] ». Il ne faut pas négliger ces éléments de merveilleux qui consonnent d'ailleurs assez bien avec la quête du sacré que nous croyons inscrite dans la trame de *Sylvie*, mais ils ne suffisent pas à la constituer en conte.

Si ce n'est pas un conte, c'est donc un roman, « un petit roman » comme le précise Nerval, pour tenir compte des dimensions de l'œuvre. Dans ce renvoi d'une notion à une autre, nous retrouvons l'esprit du siècle qui a développé le roman comme genre opposé à celui du conte, faisant de celui-ci le domaine du merveilleux et de celui-là celui de la réalité. Et c'est un fait que *Sylvie* est bien enracinée dans la réalité de l'époque, des personnes, des lieux. Une autre opposition tend à rapprocher *Sylvie* du roman, c'est celle qui les oppose tous deux à la narra-

---

1. *Figures II*, p. 15.
2. N. BELMONT, *Mythes et Croyances de l'Ancienne France*, Flammarion, p. 102.

tion pure : « Le roman du XIXe siècle, écrit B. Eikhenbaum, se caractérise par un large emploi des descriptions, des portraits psychologiques et des dialogues [1]. » La brièveté de *Sylvie* empêche que ce glissement du récit vers des formes extra-narratives soit très sensible, mais si l'on compare *Sylvie* par exemple à *Mina de Wangel*, de longueur à peu près égale, l'œuvre de Stendhal se tient davantage au régime et au registre de la narration proprement dite. Au contraire, celle de Nerval se développe davantage par « scènes » et, sans être étalés, les descriptions et les portraits tiennent aussi, proportionnellement, une grande place dans *Sylvie* qui serait ainsi, au moins en raccourci, l'équivalent de la « forme syncrétique » propre, selon B. Eikhenbaum [2], au roman européen du XIXe siècle. Il reste que *Sylvie* est une œuvre trop courte pour ne pas être écrasée par les géants du roman, donc pour être qualifiée de roman. Il reste aussi que *Sylvie* est trop accrochée à la narration comme forme première et principale pour être diluée dans d'autres formes, si intéressantes fussent-elles. L'œuvre de Nerval se rattacherait bien plutôt à ces « petites formes proches de la simple narration » qui, toujours selon B. Eikhenbaum que nous prenons un peu ici comme guide, tendaient à se développer à la fin du XIXe siècle, au moment où, au contraire, le roman se désagrégeait.

Car s'il est une qualité de *Sylvie* à laquelle semble tenir son auteur, c'est sa brièveté : « Je suis sûr de l'histoire, mais non de ne pas l'écourter », écrivait-il encore le 29 juillet 1853. La brièveté comme esthétique : brièveté des séquences, des chapitres, des évocations, des descriptions, des dialogues, des portraits, de tout. Si nous attachons de l'importance à cette brièveté, c'est que l'auteur en était conscient : après la mention du « petit roman », il dit son intention de le faire imprimer « dans un petit livre in-18, avec des illustrations ». C'est surtout parce qu'à la fin de *Sylvie*, il se montre à nous, en compagnie de Sylvie, en train de lire « quelques poésies ou quelques pages de ces livres si courts qu'on ne fait plus guère » (ch. XIV). Ces livres si courts, ce pourrait être, entre autres, *Sylvie*. L'image finale de *Sylvie* (avant l'annonce de l'ultime nouvelle), ce pourrait être celle de Gérard et de sa compagne en train de lire *Sylvie*. L'œuvre se refermerait sur la lecture d'elle-même, comme la *Recherche* sur son écriture. En tout cas, ce qui est apprécié dans cette lecture, c'est la brièveté.

Or nous savons bien que ce qui, en premier et en dernier appel, différencie le roman de la nouvelle, c'est la longueur de l'un et la brièveté de l'autre. Mais ni la longueur ni la brièveté ne sont des valeurs en elles-mêmes. A travers ces dimensions respectives, ce sont « des formes profondément étrangères » qui s'expriment et que B. Eikhenbaum a très bien analysées dans son article de 1925 [3] où il oppose la nouvelle au roman. Nous pouvons appliquer à *Sylvie* tout ce qu'il dit de la nouvelle. Ou presque.

Selon B. Eikhenbaum, alors que le roman « vient de l'histoire, du récit de voyage », la nouvelle « vient du conte, de l'anecdote ». Il est facile de réduire *Sylvie* à une anecdote : parti pour retrouver une amie d'enfance, Gérard la perd définitivement. Qu'elle soit construite « sur la base d'une contradiction, d'un manque de coïncidence, d'une erreur, d'un contraste », toute la nouvelle ne fait que moduler ce schéma : manque de coïncidence entre les deux Sylvie, entre Adrienne et Aurélie, entre

1. *Théorie de la Littérature*, Le Seuil, p. 200.
2. *Ibid.*, p. 201.
3. Recueilli dans *Théorie de la Littérature* sous le titre : « Sur la théorie de la prose ».

Sylvie et le héros, entre le héros et le narrateur, etc. « Tout dans la nouvelle comme dans l'anecdote tend vers la conclusion » : nous croyons l'avoir déjà montré. Alors que le roman se présente comme une « longue promenade à travers des lieux différents », la nouvelle est « l'escalade d'une colline », et cette escalade aurait « pour but de nous offrir la vue qui se découvre de cette hauteur ». N'est-ce pas à ce point de vue surplombant qu'arrive, au propre et au figuré, la nouvelle ? « Le matin, quand j'ouvre la fenêtre, encadrée de vigne et de roses, je découvre avec ravissement un horizon vert de dix lieues, où les peupliers s'alignent comme des armées » (ch. XIV). Par rapport au roman qui serait à lire comme une charade ou un rébus, la nouvelle est une énigme. Quelle est l'énigme de *Sylvie* ? Ni celle posée par le ch. I (« Aurélie »), ni celle résolue par le dernier paragraphe (« Adrienne »), parce qu'elles font long feu ou tournent court, demandant à être reprises, ce qui sera l'affaire d'*Aurélia*. Plutôt, pensons-nous, l'énigme qui rayonne autour de Sylvie et qui a vraiment tous ses tenants et ses aboutissants dans la nouvelle.

A moins que, à elles trois, Aurélie, Adrienne et Sylvie constituent « l'équation à une inconnue » de la nouvelle que, là encore, B. Eikhenbaum oppose au « problème à règles diverses » du roman. Non seulement elles, mais aussi les autres. Il n'y a pas de doute, et la critique ne s'y est pas trompée, l'équation à une inconnue qu'est *Sylvie*, c'est, par et à travers tous ces personnages comme s'ils n'en étaient tous que des masques ou des figurations, celle du temps, de l'homme confronté au temps, du temps opposé à la vie. Pour échapper au temps et parvenir aux « Heures divines » qui se découpent au fronton de la nouvelle, le héros-narrateur veut croire qu'il est possible de retrouver un temps primitif, un temps sacré, un temps d'avant le temps : celui de la fête du Bouquet qui est lui-même celui de la fête druidique, celui de la pelouse où « nous pensions être en paradis », etc. Le récit ne fera toujours et de plus en plus que tenter de combler et, en fait, élargir la faille qui s'est introduite dans le tissu conjonctif du temps.

Le Temps est dans *Sylvie* l'équivalent de la Passion dans *Mina de Wangel*. Il s'insinue partout : il faudrait faire le compte de tous les mots, formules et propositions qui y renvoient. C'est lui qui donne à la nouvelle son rythme lent ou rapide : 3 chapitres pour la fin de la soirée, 4 pour le voyage de quatre heures en voiture, 5 pour la journée du lendemain, 1 pour l'espace de plus d'un an, un dernier pour une durée indéterminée. C'est lui qui, à l'intérieur, constitue les différents plans du récit et fait passer tour à tour, comme cela a été bien défini, de l' « âge de l'illusion » à l'enfance, puis à l'adolescence, de nouveau à l'âge de l'illusion et enfin à celui de l'expérience. C'est encore lui qui, sous ces plans, en découvre d'autres, plus secrets, plus lointains : époque druidique, règne des Valois, Renaissance, XVIIIe siècle, etc. C'est par rapport à lui que la nouvelle prend son sens ou, plutôt, qu'elle perd le sens plénier, pour ne pas dire sacré, qu'elle aurait voulu avoir. D'où la double séquence finale : « Ermenonville, pays où fleurissait encore... Que me font maintenant... Il n'est plus le temps où... Quelquefois... » « A Dammartin, l'on n'arrive jamais que le soir. Je vais coucher alors... Le matin... Après avoir rempli... » Qui ne voit que le temps alors retrouvé n'est que le temps ordinaire — profane — de la vie et qu'il n'a rien de commun avec le temps perdu ou rêvé, sinon qu'il porte le même nom, s'exprime par des formules parallèles et constitue avec lui l' « unité de construction » de la nouvelle.

Cette unité est, selon B. Eikhenbaum, l'un des principes de la nouvelle américaine du XIXe siècle, celle d'Edgar Poe en particulier. Nous n'avons pas de peine à retrouver aussi dans *Sylvie* les deux autres principes constitutifs que sont « l'effet principal vers le milieu » et le « fort accent final » : c'est juste au milieu que le récit bascule d'un versant du Temps sur l'autre et l'accent final est si fort qu'il est répété trois fois.

Sylvie, prototype de la nouvelle française ? Nous serions bien près de le penser. Allons plus loin, puisque nous en sommes à définir et à faire éclater les formes. De la nouvelle au poème il n'y a qu'un pas. Selon la théorie de Poe [1] pour qui une nouvelle, comme un poème, préserve par sa limitation dans le temps « l'unité d'effet ou d'impression », « la nouvelle se rapproche le plus du type idéal qu'est le poème ; elle joue le même rôle que le poème dans son propre domaine, celui de la prose ». Peut-être *Sylvie* dépasse-t-elle ce simple rapprochement et accède-t-elle à la catégorie de ce qu'on pourrait appeler la nouvelle-poème, ce qui nous projette déjà dans l'analyse du langage.

Il ne lui a manqué que de réussir — entreprise prométhéenne — à conjurer le Temps et à faire apparaître le fameux « soleil tournant qui rayonne de feux magiques ». Mais c'est l'œuvre qui est ce soleil, jouant le Temps écrit contre le Temps décrit. A nous d'en décomposer le spectre.

II

Les couleurs de « Sylvie »

Dans un bilan de recherches établi en 1957 [2], L. Cellier opposait à la formule frappante de Proust : « La couleur de *Sylvie*, c'est une couleur pourpre, d'une rose pourpre en velours pourpre ou violacé, et nullement les tons aquarellés de leur France modérée », l'analyse nuancée de J. Gaulmier : Nerval « emploie des mots évoquant des nuances amorties plutôt que des teintes vives [...]. Ses couleurs habituelles ce sont l'*azur* ; l'*hyacinthe* ; l'*aurore* ; le *blanc* des flocons de vapeur, des troncs de bouleaux, des nénuphars, du cortège de jeunes filles ; le *vert* des pelouses et des horizons ; le *bleuâtre* des collines ; le *rougeâtre* de la façade du château ou des nuages du soir ; le *rose* des bruyères ou du teint de Sylvie. » Il ne s'agit pas que d'un choix impressionniste de couleurs

1. Reprise dans l'article de B. EIKHENBAUM, p. 206.
2. « Archives des lettres modernes », n° 3, Ed. Lettres modernes, pp. 26-27.

et d'une étendue plus ou moins large de la palette, mais de savoir si la nouvelle est tirée du côté des couleurs contrastées du *Rouge et le Noir* (pour prendre des références stendhaliennes) ou du côté des tonalités adoucies de *La Chartreuse de Parme.* En fait, des unes aux autres, l'arc-en-ciel de l'œuvre se déploie librement et couvre encore plus d'espace que n'en suggère cette opposition. Du terre à terre de l'enracinement historique à l'éblouissement du soleil recomposé, le chromatisme de *Sylvie* est à la fois varié et signifiant. C'est un des codes, donc une des grilles de l'œuvre.

1 La France de Louis-Philippe

Les « tons aquarellés de leur France modérée » ne sont plus ce qui nous intéresse dans *Sylvie*, si tant est qu'ils y soient. Aujourd'hui, si nous cherchons dans une œuvre ce en quoi elle se rattache à une époque ou à un milieu, c'est pour y découvrir le « reflet » qu'elle nous en donne et, éventuellement, l'idéologie qu'elle véhicule : l'œuvre intemporelle ou innocente n'existe pas. Mais à quelle époque se rattache *Sylvie* ? Si nous envisageons le moment où elle fut écrite, c'est déjà le début du Second Empire, l'ordre moral tend à s'installer en France. Si, par le jeu des oscillations inhérent à la nouvelle, nous reprenons pied dans l'époque recomposée, nous voilà en pleine Restauration. Faut-il s'en tenir à l'époque de Louis-Philippe, c'est-à-dire au « juste milieu » ? Jamais la formule n'a aussi bien convenu. Sans négliger les deux époques extrêmes de référence, c'est quand même l'époque Louis-Philippe qui constitue le plan de base, donc qui donne le ton, dans le clair-obscur de la quotidienneté (les imparfaits) sur lequel la nouvelle s'ouvre : nuit et lumière.

La France de Louis-Philippe, c'est la période où la monarchie se survit, où la révolution industrielle se développe, où s'opère une révolution agricole non moins importante, où Paris connaît une grande extension, où le régime essaie de miser sur la liberté et sur l'ordre. De cette France-là, *Lucien Leuwen* nous brosse un tableau assez complet ou, plutôt, un tableau que *Sylvie* peut compléter avantageusement, avec son côté ville et son côté jardin.

Dans *Sylvie*, la ville ne se laisse pas oublier. Même à la campagne, Gérard reste le « petit Parisien » ; il se contente de passer et il retourne vivre à Paris. Pourtant dans Paris nous n'entrons guère. Nous en devinons tout au plus la vie de société avec ses deux aspects : le théâtre que Gérard fréquente assidûment et le cercle où il se rend après le théâtre. Cette vie de société concerne surtout les jeunes intellectuels de l'époque qui ne semblent pas avoir d'autres occupations que de se réunir et de palabrer : on est romantique ou on n'est pas ! Pour cette jeunesse dorée, partagée entre l'idéalisme et le caïnisme mais aussi attirée par l'épicurisme, l'argent compte nécessairement, même si Gérard se refuse à en user pour acheter l'actrice. Ce rôle de l'argent (ch. I) est bien caractéristique de la monarchie bourgeoise. Mais de quelle société ne l'est-il pas ? Non moins caractéristique serait la place accordée à la sagesse (toujours un peu bourgeoise), lorsque Gérard, faute de mieux, déclare avoir placé Sylvie « comme une statue souriante dans le temple de la Sagesse » (ch. XIII). Mais ce temple de la Sagesse fait plutôt penser à celui de *La Flûte enchantée*, représente le progrès spirituel qui appelle les initiés et confirme l'accession de Sylvie au rang des divinités tutélaires.

En fait, la balance n'est pas égale, dans *Sylvie*, entre la ville et la campagne qui contrastent entre elles comme le *noir* et le *blanc* (aux emplois de cet adjectif relevés par J. Gaulmier, il faudrait en ajouter six autres). Tout autre que celui de la ville semble le tissu de la vie qu'on mène à la campagne : trame plus homogène, plus dense, plus serrée. Les gens se connaissent tous, la famille est élargie, on se rend visite, on participe à des fêtes. Tout cela est bénéfique et probablement vrai. Mais il semble que la campagne, telle que la décrit *Sylvie* et surtout telle que la veut son auteur, est restée en dehors du progrès et, en particulier, de la révolution agricole importante qui caractérise les années 1835-1846. C'est lui, d'un certain point de vue, qui refuse le changement. Il n'est pas content que Sylvie, de dentellière, soit devenue gantière, même si « cela donne beaucoup en ce moment » (ch. X), et il affecte un air de mépris pour « la mécanique » qui permet à Sylvie de coudre la peau des gants. Au contraire, il félicite presque ses parents d'être « restés dans leur condition », c'est-à-dire de simples paysans. Pourquoi ne manifeste-t-il pas d'hostilité à Sylvie lorsqu'elle devient non seulement la femme du grand frisé, mais la pâtissière de Dammartin ? C'est que, là, elle s'élève dans la hiérarchie bourgeoise, alors que, en devenant « ouvrière », elle avait d'une certaine façon dérogé. Les paysans et les nobles, voilà l'image de l'ancienne France à laquelle Nerval reste en grande partie fidèle, tant l'attachement à la province est toujours plus ou moins réactionnaire.

Traître à la cause du progrès par ce qu'il dit, Nerval le serait encore par ce qu'il ne montre pas. Ce n'est pas *Sylvie* qui nous laisse soupçonner que, si l'expansion agricole a profité aux grands propriétaires et fermiers, la vie des travailleurs et des salariés (ceux que l'on voit dans *Sylvie*) était dure : encore au début des années 50, les petites gens employaient de 35 à 45 % de leur revenu à acheter leur pain. Tout au plus sait-on que les parents de Sylvie ont de la chance (!) d'être aidés par cette « fée industrieuse » (la fée industrie ?) qu'est devenue leur fille en quittant la dentelle de Chantilly pour les gants de Dammartin.

Mais ne faisons pas à Nerval un mauvais procès et ne substituons pas une idéologie à une autre. L'enjeu pour Nerval n'est pas entre des modèles de société. C'est à un autre niveau qu'il faut placer le débat sans pour autant quitter le sol des réalités, et cette réflexion d'un critique récent peut nous y aider : « Comme les rites dionysiaques célébraient peut-être la transition de la vie sans permanence des peuples chasseurs à celle des peuples cultivateurs, ainsi *Sylvie*, qui montre Nerval désireux de marquer un temps d'arrêt, conscient qu'il est de vivre à une époque de rapide transition vers une société industrielle, *Sylvie* contient un appel : appel au retour, à la terre, au lieu, à Sylvie, au passé [1]. » Rituel magique par sa façon d'exorciser le présent (ce qui n'est pas le refuser), *Sylvie* plaide et parle pour un mode de vie autre.

2 L'idylle ou le rapport métonymique

Ce mode de vie autre qui n'a rien à voir avec un régime politique particulier et qui a, au contraire, partie liée avec le sacré, c'est ce que représente l'idylle. On a beaucoup daubé sur ce mot et encore plus sur le genre d'œuvres qu'il recouvre. Comme si l'idylle ne pouvait être que mièvre, édulcorée, décolorée ! Tout au plus lui accorderait-on le rose et le vert des rubans des traditionnels moutons de la pastorale.

---

1. A. GROSSVOGEL, *op. cit.*, p. 48.

Sylvie est une idylle non seulement parce que « la bruyère rose relève le vert des fougères » (ch. IX), mais parce que son auteur l'a revendiquée comme telle. Pour en déplorer la perte dans le thrène final : « Ermenonville ! pays où fleurissait encore l'idylle antique... » (ch. XIV). Auparavant déjà pour en signaler la disparition sous la forme d'un changement symbolique : « une glace à bordure dorée avait remplacé [dans la chambre de Sylvie] l'antique trumeau, où se voyait un berger d'idylle offrant un nid à une bergère bleue et rose » (ch. X). Ou, après coup, dans la lettre à Maurice Sand, pour attribuer à la mère du peintre une véritable paternité : « C'est une sorte d'idylle, dont votre illustre mère est un peu cause par ses bergeries du Berry. » La critique ne s'y est pas trompée qui a souvent repris le terme pour caractériser la nouvelle de Nerval et presque aussi souvent, avec une nuance de condescendance ou de regret. L'idylle, ce n'est pas sérieux ! On cite et on commente le jugement de Gautier sur *Sylvie* : « Une idylle des environs de Paris, mais si pure, si fraîche, si parfumée, si humide de rosée, que l'on pense involontairement à Daphnis et Chloé, à Paul et Virginie. » D. Mornet, lui aussi, y est allé de son rapprochement : « Son chef-d'œuvre, *Sylvie,* n'est qu'un sujet d'idylle à la Florian. » Heureusement, pour P.-G. Castex, « Nerval, cependant, n'écrit pas une idylle banale [1] » et, tout récemment, L. Cellier [2] reprochait à la lettre à Maurice Sand de trop « souligner le caractère idyllique de la nouvelle ». Prenons acte de ce caractère et tentons une réhabilitation.

« L'amour est la lumière de ce monde », comme les Goncourt le disaient de Watteau. « O femme ! tu cherches l'amour... Et moi, donc ? », s'écrie Gérard lorsque s'amorce un rapprochement avec l'actrice, au milieu du ch. XIII, donc tout près de la fin. Mais, dès le début, il était évident que l'amour commandait toutes les démarches : du rêve et de l'action. Pourtant l'amour n'a pas et n'est pas sa fin en lui-même. Lorsque Gérard ne peut plus compter sur celui de Sylvie, il fait ce constat d'échec très général : « Là était le bonheur peut-être... » Mais là encore, dès le début, on savait bien que de l'attitude de l'actrice, d'Adrienne ou de Sylvie avec le héros dépendait le bonheur de celui-ci et qu'il n'y avait pas de solution de rechange. Tout se passe dans l'idylle comme si, au moins un temps, les personnages essayaient de « croire à leur bonheur », comme dira (sans trop y croire) le Verlaine des *Fêtes galantes*. Croire à ce bonheur suppose des conditions de vie tout autres que le décor quotidien et, en particulier, un dépaysement ou, mieux. un « repaysement ».

C'est pour cela que le pays et le paysage jouent un rôle si important dans l'idylle. Le paysage y est un état d'âme et l'âme « un paysage choisi ». Si le temps est, disions-nous, l'inconnue de l'équation, l'espace voudrait en être la donnée bien connue : l'espace contre le temps ! Tous les critiques sont d'accord pour reconnaître que le Valois — un Valois qui fait penser tantôt à l'Italie tantôt à la Suisse — tient une grande place dans la nouvelle et que, en quittant Paris où il vit habituellement, le narrateur cherche à retrouver d'autres conditions de vie, celles d'un temps révolu, de l'âge d'or. C'est dans ce lieu sacré que tout se joue, au point qu'il éprouvera le besoin d'amener là, dans le triangle que déterminent en gros Chantilly, Senlis et Dammartin, l'actrice parisienne qui pourtant ne semble avoir aucune attache avec le pays. Au centre de celui-ci, il y a peut-être bien Loisy où habite Sylvie et où l'amènent ses pensées quand

---

1. *Sylvie*, Sedes, 1970, p. 158.
2. *Revue d'Histoire littéraire*, janv.-févr. 1974, p. 123.

il est dans la voiture, et ses courses quand il est sur le terrain. Mais il y a aussi la pelouse « près d'Orry » où il a entrevu Adrienne et où il conduit Aurélie, comme il y a le nom du village qui est camouflé derrière celui de Montagny : Mortefontaine, volontairement tu peut-être à cause de ses connotations maléfiques. Loisy, Orry, Montagny (Mortefontaine), trois noms qui, dans ce Valois magique (dont on attend des effets magiques), définissent un autre triangle dans le triangle. Mais il faut tenir compte de tous les autres lieux-dits qui étoilent ce pays et qui en font un soleil aux mille feux qui s'allument ou se rallument tour à tour : Louvres, Plailly, Ermenonville, Châalis, Othys... Le Valois, tout illuminé de ses noms en *I*, existe moins dans la narration par tel ou tel de ses villages, que par l'ensemble qu'ils constituent. Tout naturellement, à la fin, lorsque l'idylle est condamnée, c'est tout le pays qui l'est : il ne remplit plus sa fonction de soleil, il est désaffecté, comme on le dit d'un sanctuaire. Après une ultime tentative de rapprochement entre le Valois et la Suisse (« mes bosquets de Clarens perdus au nord de Paris »), un dernier panoramique permet de balayer du regard le pays perdu — perdu comme le temps — et d'en marquer la désacralisation : « Il n'est plus le temps où... ». Dans le texte même, comme en témoigne ce beau paragraphe du *Dernier Feuillet*, Nerval a fortement marqué entre le temps et l'espace un rapport moins d'opposition que de contiguïté.

Ce rapport de contiguïté, qui est à la base de la métonymie comme l'a montré Jakobson, commande toute l'idylle nervalienne et, en particulier, ce qui est au centre de l'idylle, l'intrigue avec Sylvie. Ce qui caractérise celle-ci, c'est que le narrateur croit qu'il est resté très près d'elle, que quelques heures de poste suffisent à l'en rapprocher, qu'une enfance commune donne des droits à l'un sur l'autre, que les souvenirs recomposés suffisent à rétablir le courant. Physiquement même, Gérard et Sylvie sont le plus souvent vus ensemble : sur la pelouse du château, dans l'île le soir de la fête, sur la route d'Othys, etc. Rien de tel avec Adrienne, mis à part le bref rapprochement à l'intérieur de la ronde, ni avec Aurélie, en dehors de la fausse escapade au château de la reine Blanche. Le triomphe du rapprochement entre Gérard et Sylvie est joué, à Othys, lorsqu'ils se sont déguisés, qu'ils descendent ensemble l'escalier et qu'ils sont donnés à voir comme les jeunes mariés du jour et de toujours. C'est le triomphe de l'idylle et le plus beau chapitre de la nouvelle. Tout baigne même dans un rapport de contiguïté : non seulement les êtres entre eux mais les êtres avec les choses, et le soleil du matin d'été apporte à la cérémonie sa consécration particulière. Plus d'obstacle, une transparence totale. Cette transparence est cautionnée par la pureté qui anime les deux héros : « Qui donc eût songé à ternir la pureté d'un premier amour dans ce sanctuaire des souvenirs fidèles » (ch. VI). Comme le mot même de « sanctuaire » l'indique, elle trouve à s'exprimer sur le mode religieux : de la table sur laquelle la tante dispose comme sur un autel « deux vases de fleurs aux deux bouts de la nappe » aux chants de mariage qui se répondent, en passant par les déguisements qui rappellent, comme on l'a dit, les vêtements sacerdotaux. Cette transparence cautionne le type de relations que Gérard voudrait voir s'établir avec Sylvie. Mais au contraire, c'est en termes de distance que se marque dans la seconde partie l'éloignement réciproque des deux protagonistes. La contiguïté est devenue relative : ils sont beaucoup moins souvent ensemble. Elle est parfois compromise par la présence de tiers. Moralement surtout, ils ne se comprennent plus. Et le départ du Valois ne fait que précipiter l'éloignement des cœurs. La poétique de la route devient celle de la déroute. Vient le jour où « on ne trouve plus [...] de route directe », mais on sort alors de la nouvelle comme de l'idylle.

Celle-ci n'est pas fuite dans les nuages, dans l'irréel, elle veut s'incarner dans un réel bien précis (comme on l'a dit du sacré), et ce réel se cherche et se construit dans le rapport de contiguïté entre un paysage et un visage : le Valois et Sylvie. Même si l'hypothèse en a été contestée, nous serions bien prêt à reconnaître à Jakobson par l'exemple de *Sylvie* que « c'est la prédominance de la métonymie qui gouverne et définit effectivement le courant littéraire qu'on appelle réaliste » ou que, au moins, par la métonymie passe dans *Sylvie* un assez fort courant réaliste. Le chapitre VI, qui est le plus idyllique, est aussi le plus réaliste. Cette coloration réaliste, en même temps qu'idyllique, n'est pas due seulement, ici comme ailleurs, au thème de la cueillette et aux fruits de l'idylle que sont les groseilles, les cerises et les fraises : ce serait trop facile ! Plus prosaïquement, la cérémonie qui se prépare est doublée de la préparation d'un repas dont l'essentiel sera constitué par une tranche de lard frite avec des œufs. Que reste-t-il d'idyllique, au sens conventionnel du mot ? Le thème du repas revient deux autres fois : au ch. IV, dans l'île où se termine la fête, et au ch. XII, avec le père Dodu. La veine réaliste que matérialise ce thème et qui symbolise, au plus concret des choses, l'échange entre les êtres, se marie très bien, donc, avec l'idylle. Et c'est ce mariage des « genres » qui, dans le ch. VI mais aussi dans l'ensemble de la nouvelle, fait de *Sylvie* une idylle réussie.

Idylle réussie au-delà même de ce que souhaitait Nerval. La tentative de rapprochement des êtres, dans un monde où la différence aurait disparu, trahit peut-être un autre genre d'obsession, que semble corroborer celle de la pureté. Dans ce monde valoisien et idyllique qui converge sur Sylvie, Nerval ne rêve-t-il pas d'un monde où, en particulier, aurait disparu la rivalité, sinon l'altérité des sexes ? Un chapitre nous a toujours semblé curieux dans le *Voyage en Orient*, celui qui est intitulé *Idylle*. Certes le titre en est ironique et le ton humoristique : à la faveur d'une confusion de termes, on propose au voyageur d'échanger son esclave javanaise contre un jeune mousse auquel il semble avoir porté de l'intérêt. L'ambiguïté est vite levée, mise sur le compte des difficultés linguistiques, mais Nerval ne nous en renvoie pas moins, en conclusion, à « l'équivoque classique de l'églogue de Corydon »[1]. L'équivoque ne serait-elle pas classique au point d'être toujours sous-jacente à l'idylle ? Le fond de celle-ci ne serait-il pas toujours un peu trouble ? Ne révélerait-il pas un fond au moins latent d'homosexualité ? Voilà que, sous le paradis se découvre un coin d'enfer. C'est outrepasser non seulement les intentions, mais probablement les obsessions de Nerval. Remontons à la surface, là où se jouent les rapprochements et les mariages. Ce qui est donné à retrouver, sans aucune arrière-pensée trouble, c'est, par enchaînement métonymique, la poésie des matins : matin de la journée, où tout commence ou recommence, « matin de la vie », comme il est dit par Nerval lui-même (ch. XIV), matin du monde, comme le postule toute la nouvelle.

Ce qui ne veut pas dire qu'elle y arrive. Peut-être faut-il, pour que littérairement elle soit réussie, qu'elle n'y parvienne pas sur le plan existentiel. Par là probablement, *Sylvie* se sépare de toutes les idylles à l'eau de rose auxquelles on n'a que trop tendance à réduire le genre. Par là elle présente des analogies avec une œuvre comme *L'Astrée*. L'échec est inscrit dans l'une comme

1. Pléiade, t. II, éd. 1961, p. 267.

dans l'autre, même si, au prix d'un subterfuge, Céladon retrouve Astrée pour l'épouser et Gérard Sylvie sans l'épouser. *L'Astrée*, « un paradis désespéré [1] » : on a envie de le dire aussi de *Sylvie*. Pourtant il ne faut pas forcer la note ni foncer les couleurs. L'idylle ne serait plus l'idylle si elle cédait la place aux grands éclats de voix. Plus que dans le déchaînement du désespoir, c'est dans les variations sur le bonheur (plénier et limité, retrouvé et perdu, recherché et abandonné) que résident les charmes de l'idylle et sa parenté avec la pastorale. Le mérite du rapprochement avec *L'Astrée* revient à A. Grossvogel [2], mais nous n'en retiendrons pas tellement les arguments. C'est plutôt une espèce de fond commun qui assure la transitivité entre les deux œuvres. *L'Astrée*, c'est un certain pays, le Forez, que le romancier veut honorer parce que c'est le lieu de sa naissance ; dans ce pays coule le Lignon ; au bord de cette rivière, on a tout le temps de méditer sur le temps qui passe ; les intrigues se mêlent et se démêlent dans un ballet ininterrompu ; les fêtes rassemblent bergers et bergères ; on espère qu'à la fontaine de l'Amour l'épreuve de vérité récompensera finalement les couples. Qui ne voit tout ce qui se retrouve dans *Sylvie* ? Des correspondances plus précises et plus limitées peuvent aussi être établies : le bain forcé de Gérard a son équivalent dans le saut de Céladon, celui-ci est trahi par Astrée comme Gérard par Sylvie, de bonnes fées comme la tante d'Othys président aux allées et venues, Astrée est la meilleure expression du Forez comme Sylvie du pays des Sylvanectes, et Urfé se reconnaissait des ancêtres au pays des Souabes comme Nerval lui-même en Allemagne... Nerval avait-il lu *L'Astrée* ? Il en connaissait au moins, avec des intercesseurs comme Rousseau, Gautier, ce que le public lettré en connaît, donc la légende plus que le texte. Ainsi en témoigne l'assimilation qu'il fait dès 1838 entre le pays de Baden (qui est préalablement comparé à un « tableau » de Gessner) et celui de *L'Astrée* : « La rivière de Baden, écrit-il, coule au pied des murs [du couvent], mais n'offre nulle part assez de profondeur pour devenir le tombeau d'un désespoir tragique : son éternelle voix se plaint dans les rochers rougeâtres ; mais, une fois dans la plaine unie, ce n'est plus qu'un ruisseau du Lignon, un paisible courant de la carte du Tendre, le long duquel s'en vont errer les moutons du village, bien peignés et enrubannés dans le goût de Watteau [3]. » Même si Nerval n'a pas lu *L'Astrée*, l'essentiel est dans cette oscillation entre un désespoir tragique, que la critique moderne aurait tendance à accuser dans le roman pastoral, et un bonheur édénique sous lequel la tradition voulait le chloroformer. C'est le propre de l'idylle nervalienne de rapprocher les deux, mais aussi de les renvoyer dos à dos. A travers ces jeux de rapprochement et de renvoi, elle a su trouver la note originale et, surtout, la note juste.

3 La fête et le théâtre

L'idylle, telle que nous venons d'en faire le tour, culmine dans la fête ou, plutôt, y trouve son moyen d'expression privilégié. Dans *Sylvie*, la fête est partout. C'est elle qui provoque, à la faveur d'un article de journal, le retour dans le Valois. Dans la voiture, le voyageur sans autres bagages que ses souvenirs a le temps de recomposer une autre nuit de fêtes, celle qui, commencée dans les réjouissances des cavalcades, a eu

1. Titre de l'étude de J. EHRMANN, P.U.F., 1963.
2. *Op. cit.*, pp. 40-42.
3. Pléiade, t. II, p. 1445, note 2, et pp. 762-763.

son couronnement (de vraies couronnes sont distribuées !) dans le banquet de l'île et s'est encore prolongée, le lendemain, par la fête plus intime du mariage chez la tante. Après les retrouvailles qui ne sont pas ce qu'elles promettaient, le Valois vit encore à l'heure de la fête, même si c'est celle des lendemains où l'on se repose et où l'on s'invite entre amis pour manger la soupe à l'oignon. A partir de là il serait si facile d'identifier le Valois à la fête qu'on aurait un peu l'impression de céder à la facilité du tourbillon. « Asile, asile, ô mon asile, ô Tourbillon ! — J'étais en toi, ô mouvement, en dehors de toutes les choses... », s'écrie, à la fin de son numéro, la danseuse Athikté de *L'Ame et la Danse* [1]. Justement l'âme de la fête dans *Sylvie* est représentée par la danse et nous voulons lui reconnaître, au moins symboliquement, toutes les vertus que lui décerne Valéry : « C'est véritablement pénétrer dans un autre monde [2]... » Certes, dans la danse valoisienne, il ne s'agit pas exactement des entrelacs de la danseuse valérienne. Il s'agit encore moins « de nos danses de barrière, timides bacchanales du Parisien égrillard » que Nerval condamnait dans *L'Artiste* de 1840. La danse, dans *Sylvie*, c'est d'abord la ronde avec tout ce qu'il y demeure d'ancestral et d'aristocratique, puisqu'une fille issue du sang des Valois veut bien s'y mêler. C'est aussi la danse de Sylvie avec le cavalier de son choix. Dans la fête culmine l'idylle et dans la danse la fête. Dans le mouvement tournant du couple, nous pensons que Nerval a trouvé, au moins inconsciemment, l'image même de ce que pourrait être le bonheur. Il s'accroche à cette image et l'ironie du sort voudra que précisément Sylvie épouse « le galant du bal » (ch. VIII). Au moins après coup, par son mouvement même, la danse a dû faire figure de « soleil tournant ». Nous retrouvons toujours la même figure.

Plût au ciel que Gérard fût parvenu à en *fixer*

l'image, celle-ci et toutes celles qui gravitent autour. Certes c'est l'objet de l'entreprise d'écriture que, à titre de revanche sur la vie, Nerval réalise dans *Sylvie*. Mais, tout le long du texte et même au-delà, il y a un appel vers un autre mode de fixation qui fournit comme un *analogon* naturel de l'idylle : la peinture. C'est souvent que la narration se réfère à la peinture, celle de Watteau en particulier : « La traversée du lac avait été imaginée peut-être pour rappeler le *Voyage à Cythère* de Watteau » (ch. IV). Elle y fait penser, sans la nommer, lorsque les fusées de la fête sont retombées : « Les étangs, creusés à si grands frais, étalent en vain leur eau morte que le cygne dédaigne... » (ch. XIV). L'accord, selon Nerval, entre Watteau et le Valois est si grand que pour lui le *Voyage à Cythère* devait y avoir été conçu. Et lorsqu'il suggère à Maurice Sand les tableaux qui devront être tirés de sa nouvelle, il le fait encore par référence à Watteau. Watteau et Lancret. De même, dans la nouvelle, il faut élargir à tout le XVIIIe siècle les allusions qui sont faites à la peinture. De Greuze à Boucher, des estampes aux pastels, c'est toujours un peu le même genre de peinture, la même atmosphère de bonheur, le même accord entre l'idylle et la peinture autour du motif de la fête. Dans cet univers il ne saurait y avoir de fausse note.

Mais le théâtre veille et il constitue dans la nouvelle comme le contrepoint de la fête. Il est présent au début, il se rappelle à la fin, ou plutôt, il rappelle le héros lorsque celui-ci se rend compte qu'il n'a plus rien à faire dans le Valois. Ainsi, ce qui s'oppose au Valois, c'est moins Paris que le théâtre. Les tentatives actuelles pour

---

1. Paul VALÉRY, N.R.F., Poésie/Gallimard, p. 151.
2. *Ibid.*, p. 147.

introduire la fête dans le théâtre aboutissent le plus souvent à substituer l'une à l'autre. Dans *Sylvie*, c'est le théâtre qui s'insinue dans la fête et le danger se révèle mortel pour elle. Ainsi il n'est pas sûr que le mystère dans lequel joue Adrienne et auquel Gérard et le frère de Sylvie assistent en intrus (ch. VII), ne soit pas déjà un désaveu du bonheur auquel on veut croire encore. Il est sûr que c'est à partir du moment où Sylvie commence à répéter des airs d'opéra que l'idylle est finie avec Gérard. Il est non moins sûr que lorsque celui-ci amène l'actrice dans le Valois, les vertus du pays ne seront pas assez puissantes pour conjurer les maléfices du théâtre. Et c'est encore au théâtre que le narrateur apprend la terrible nouvelle de la mort d'Adrienne. Mais l'ouverture de la nouvelle, ouverture théâtrale précisément, ne pouvait laisser aucun doute sur la nature du théâtre. Si « indifférent » que le narrateur soit à la salle et au spectacle, il ne peut pas empêcher qu'il y ait là deux mondes séparés et que, même, dans le théâtre, tout soit séparé. Certes les choses changent lorsque paraît l'actrice, mais il doit se contenter de l'admirer de loin. Lorsqu'il tentera de tourner l'obstacle, celui-ci se dressera, infranchissable. Bref, le monde du théâtre est le contraire de celui de la fête et lorsque, près de la fin, le narrateur commence à faire le bilan de son aventure, c'est par rapport au théâtre qu'il l'établit douloureusement : « J'ai passé par tous les cercles de ces lieux d'épreuves qu'on appelle théâtres » (ch. XIII).

Comme la peinture voulait être l'expression heureuse de la fête, on a envie de rechercher ce qui, dans le théâtre, vicie la communication. Le spectacle en lui-même ne saurait être chargé de nocivité. Le vice impuni, dans la théâtralité de la vie comme de la scène, c'est, semble-t-il, la parole. Innocente, voire bénéfique, elle l'est lorsque Adrienne et Sylvie répètent des airs du

Valois. Elle est théâtrale, donc bien près d'être coupable, lorsque Sylvie module « quelques sons d'un grand air d'opéra moderne... Elle *phrasait* » (ch. XI). Et Gérard lui-même ne sait que trouver « des expressions vulgaires, ou bien tout à coup quelque phrase pompeuse de roman ». Ils sont quittes, mais la parole ne l'est pas pour autant. Elle apparaît comme le lieu du conflit : dans la première partie de la nouvelle, le dialogue est peu développé, juste ce qu'il faut pour mettre un peu d'animation, le silence suffit le plus souvent pour marquer l'accord ; la seconde partie est beaucoup plus bavarde, la parole échoue à masquer le désaccord quand elle ne le crée pas. Il est curieux même de constater combien elle est devenue le signe du divorce. Entre Sylvie et Gérard, comme on pouvait s'y attendre, avant même l'ultime scène d'explication, « la conversation entre nous ne pouvait plus être bien intime » (ch. X). Après la scène d'explication et à un niveau plus général, la parole rendrait tout au plus possible « la comédie de l'amour » (ch. XI). Ne servirait-elle qu'à faire du mal ? Il serait exagéré de le dire, mais son ambivalence ne plaide pas en sa faveur. « Cette parole fut un éclair », dit le narrateur lorsque Aurélie lui signifie théâtralement son congé (ch. XIII). Un éclair, c'est-à-dire tout le contraire des horizons calmes et ensoleillés de l'idylle. Est-ce la faute du théâtre ? Ou le théâtre paie-t-il les fautes de la parole ? Ce qu'il y a de sûr, c'est que, dans *Sylvie*, le théâtre fait contrepoids à la fête et le drame à l'idylle.

4 Le drame ou le rapport métaphorique

Par le « je » du discours auquel participe l'ensemble de la nouvelle, c'est toute la nouvelle qui peut être entendue comme une parole, donc qui se rattache au théâtre, même si les temps du passé réintroduisent une certaine distance. Nous sommes ainsi dans une situation ambiguë : à la fois dans le discours et en dehors, et cette situation est déjà en elle-même dramatique. C'est la situation du narrateur. Elle ne fait que redoubler celle du héros — très peu héros — de la narration. Le drame couve et court tout au long de celle-ci avec ses aléas d'espoir et ses certitudes de désespoir. Drame et idylle, c'est la dualité fondamentale de notre texte : sans le drame l'idylle serait inintéressante, et sans l'idylle le drame n'existerait pas.

Nous avons déjà montré que l'idylle qui tourne autour de Sylvie ne laissait que peu de temps (l'espace d'un court voyage en voiture) l'illusion d'une fin heureuse et qu'elle était au moins autant, sinon plus, occupée à faire venir au jour les ferments de dissolution. Ce n'est pas la fin mitigée qui risque de donner le change. Mais on voit poindre tout de suite le rôle d'équilibre — ou de déséquilibre — qui revient aux deux autres personnages. L'idylle de Sylvie se construit contre l'aventure à peine amorcée avec l'actrice, et l'aventure avec celle-ci est réamorcée au moment où est dénouée l'idylle avec Sylvie : c'est que l'actrice est tout le contraire de Sylvie, elle est le drame incarné, avec ses caprices, ses exigences, son vocabulaire. Il faut en dire autant d'Adrienne, moins pour ce qu'elle est que pour ce qu'elle n'est pas : elle n'apparaît que pour disparaître, elle n'attire que pour abandonner, elle ne vit que pour mourir. Avec elle comme avec Aurélie, la relation de Sylvie est une relation d'opposition, pour ne pas dire d'hostilité. Mais comme sous l'idylle (avec Sylvie) se dessine le drame, sous le drame (avec Aurélie et Adrienne) se profile l'idylle : c'est sous les couleurs de l'idylle, au cours d'une fête d'enfants, que Gérard fait la connaissance d'Adrienne, et c'est lors de l'équipée d'Aurélie dans les campagnes intimes du Valois que l'on peut croire un moment à l'heureux dénouement de sa liaison avec elle. Donc ne séparons pas trop ce que la narration a uni. Pourtant, que l'on prenne les relations des trois femmes entre elles ou avec le héros, elles sont essentiellement de caractère dramatique : entre elles et entre eux un fossé est creusé ou se creuse sur lequel la narration s'emploie, sans y parvenir, à jeter des ponts. L'histoire de *Sylvie*, c'est celle d'une série de métaphores qui, posées, n'arrivent pas à se vérifier.

Tout, de ce point de vue, dans la nouvelle, repose sur le rapport de similarité et de dissimilarité qui est, selon Jakobson, le fondement de la métaphore. Qu'attend Gérard de son retour-éclair dans le Valois ? Que la Sylvie du présent soit semblable à celle d'autrefois, et c'est tout le contraire qui se produit. Même les êtres et les choses ne consonnent plus : la vieille tante a disparu, la maison de l'oncle est fermée, etc. Donc la dissimilarité a éclipsé la similarité attendue. Et, ironie du sort, l'inverse se produit lorsque Gérard revient à Dammartin après le mariage de Sylvie : ce serait assez semblable à ce qu'il a connu, y compris « le sourire athénien » de Sylvie. Semblable et, néanmoins, encore différent. Ce qui est flagrant avec Sylvie l'est encore plus avec les deux autres femmes. Sa passion pour l'actrice lui est expliquée par « la ressemblance d'une figure oubliée depuis des années » (ch. III). De là à conclure que l'actrice pourrait être « la même » que la religieuse, il n'y a qu'un pas. De la ressemblance certaine à l'identité possible, le rapport de similarité est vécu, cette fois, non à l'intérieur de la même personne mais entre deux personnes. Ce qui complique encore les données, donc les dramatise à un degré supérieur, c'est que non seulement il voudrait retrouver Sylvie dans Sylvie et Adrienne dans Aurélie, mais se retrouver en elles. On comprend la fin de non-recevoir, non seulement de Sylvie (« il faut songer au solide »), mais surtout d'Aurélie : « Vous attendez que je vous dise : La comédienne est la même que la religieuse ; vous cherchez un drame, voilà tout, et le dénouement vous échappe » (ch. XIII). Tout est dit dans ces quelques mots : de la recherche d'identité qui a constitué le nœud de la nouvelle au dénouement qui est constitué par cette saisie du vide, en passant par le drame que l'actrice suspecte son compagnon d'aimer pour lui-même, et par-dessus tout.

Tout est dit, y compris la métaphore dramatique, comme explication du comportement du héros : ce n'est pas moi que vous aimez, c'est le drame que vous aimez en moi. Puissance et illusion de la métaphore ! C'est la métaphore qu'il nous faut maintenant débusquer ou, plutôt, les formes qu'elle prend à travers tous les reflets d'optique, tous les jeux de miroir de la nouvelle. Elle s'annonce, au début de la nouvelle, avec l'apparition du nouvel astre sous les traits duquel est présentée l'actrice. La métamorphose de celle-ci est significative des étapes par lesquelles passe la métaphore : d'abord « elle avait pour moi toutes les perfections » (nous sommes alors au niveau de l'avoir) ; ensuite elle était « belle comme le jour..., pâle comme la nuit » (donc une double comparaison) ; et ce n'est que dans un troisième temps qu'elle devient l'astre « brillant dans l'ombre de sa seule beauté », au point qu'on ne sait plus si c'est elle qui sert de comparaison « aux Heures divines » ou l'inverse. On retrouvera cette assimilation d'Aurélie à la lumière peu de temps avant le dénouement lorsque, sur son passage, « les paysans s'arrêtaient éblouis » (ch. XIII). Même aventure d'Adrienne avec la métaphore. Le moment le plus haut et le plus beau de son identification à ce qui n'est pas elle tout en étant elle, n'est pas situé dans la belle scène de la pelouse, mais, après, lorsque la rhétorique a pris le relais de l'expérience : auparavant nous avions des comparaisons (« Elle ressemblait à la Béatrice de Dante »), mais non des identifications. C'est lorsque les feux de la rampe sur la pelouse se sont éteints qu'Adrienne peut devenir « la fleur de la nuit », « le fantôme rose et blond » du début du chapitre III. C'est la métaphore qui, là encore, polarise, tel Dante dans sa marche à l'étoile au XXVIe chant de *L'Enfer,* le voyageur-héros dans sa marche à travers le Valois. Jusqu'au jour où, à Dammartin, à la lumière des quinquets du théâtre, il apprendra que son étoile s'était éteinte depuis longtemps, même si la lumière en parvenait encore à son esprit. Ce sera alors la mort sans métaphore : rien d'aussi nu que l'annonce *in extremis* de cette mort. Etait-il réservé à Sylvie de ne pas avoir droit à la métaphore ? « Elle existe, elle », et on ne peut pas tout avoir. Pourtant elle aussi a vécu un certain statut métaphorique, moins concentré, plus dispersé. Elle n'arrive pas jusqu'à la métaphore dans le ch. IV, mais les métaphores fusent dans le ch. VI (la fée, le feu, la femme du *Cantique des Cantiques*), et c'est bien encore à des embryons ou à des restes de métaphores que le narrateur se rattache lorsque la Sylvie de la réalité lui échappe : Sylvie la « nymphe antique », la sylphide moderne, mais elle a tendance à se dégrader en comparaisons (« comme une fée industrieuse »), voire en approximations (« comme une sœur »). *Sylvie* ou les avatars de la métaphore. La métaphore, c'est-à-dire ce par quoi les êtres (ou les choses) échappent à eux-mêmes mais aussi vous échappent... pour rejoindre le ciel des idées, accroissant encore la tension dramatique.

Il y a donc les personnes (ou les choses) et ce qu'elles représentent. L'allégorie dramatique a toujours été une des formes vives du théâtre et le mystère que joue Adrienne dans les ruines de Châalis (ch. VII) s'y rattache d'une façon spectaculaire : combat de la vie et de la mort sur un monde détruit. S'y rattache aussi « le drame » que Gérard compose en Allemagne et où il raconte « les amours du peintre Colonna pour la belle Laura » (ch. XIII), la transposition de ses propres amours. Justement, comme ce drame serait la transposition de *Sylvie*, *Sylvie* en est la réalisation. A travers les personnes et les actions qui y sont mises en scène est illustré le combat des deux grandes forces qui se partagent l'univers, moins le bien et le mal, selon la dichotomie traditionnelle, que, selon la dyarchie nervalienne, l'idéal et la réalité. Le drame naît de la difficile conciliation de l'un et de l'autre : comment faire qu'Adrienne existe réellement et que Sylvie qui, elle, existe, remplisse les conditions de l'idéal ? Tel est bien le grand rapport métaphorique qui sous-tend la nouvelle. Il est évident que Sylvie sans Adrienne et Adrienne sans Sylvie ont peut-être une existence, mais pas de raison d'être. C'est pour cela qu'elles n'ont de sens que dans la mesure où elles tendent l'une vers l'autre et que la nouvelle n'en aura plus lorsqu'elle aura montré leur impossible superposition. Nerval a supprimé, malgré sa beauté, l'importante variante qui aurait eu sa place au ch. V et où il imaginait Adrienne comme descendant des étoiles et Sylvie montant de la terre, donc allant à la rencontre l'une de l'autre, parce que trop explicite et désamorçant la fin. Le seul problème est de savoir comment ces « deux figures aimées », ainsi qu'il les nomme dans cette variante, arriveront à ne plus être perçues contradictoirement, à constituer « les deux moitiés d'un seul amour ». Le malheur est qu'elles n'y arriveront que dans le souvenir, lorsqu'elles auront rejoint le ciel des idées. Comment y situer Aurélie ? Précisément elle n'y figure pas : son heure n'est pas encore venue, il faut attendre *Aurélia*. Mais, dans *Sylvie*, ce n'est pas pour autant une simple figurante. C'est elle qui offre à

Adrienne la chance d'être « la douce réalité » comme à Sylvie la possibilité d'accéder à l'idéal : elle représente assez bien l'une et l'autre au cours de sa brève descente dans le Valois. Elle est donc bien au cœur de la dissociation. Et elle participe pleinement à la dissociation du cœur, par le fait même qu'elle est actrice et femme et que ces deux aspects de sa personnalité ne coïncident pas. Comme Adrienne et Sylvie. Et comme les deux, elle représente, à elle seule, l'impossible rapport métaphorique que toute la nouvelle tente vainement de réaliser.

D'où vient cette impossibilité ? Tout, dans la nouvelle, appelle ce rapprochement des contraires et tout le dénonce. Qu'est-ce qui empêche que l'actrice puisse être aussi la femme aimée, que la religieuse soit aussi la réalité, que Sylvie corresponde à l'image idéale qu'il avait revue d'elle dans la voiture, c'est-à-dire que les deux termes de la métaphore se rejoignent ? Puisque ces trois femmes, si différentes, ont toutes part à cette disgrâce, c'est que, dans le rapport entre elles et lui, il y a quelque chose de vicié et qu'il faut peut-être chercher en lui, relativement à elles, un vice de nature. Comme l'idylle nous a amené à suspecter un fond d'homosexualité, il se pourrait que dans et par le drame se manifeste la peur de la sexualité de l'autre et que la grande métaphore de l'idéal et du réel ne fasse que masquer celle du moi et de l'autre. En plaçant l'autre — la femme — trop haut ou trop bas, on se donne toutes les bonnes raisons de ne pas l'atteindre. C'est évident avec Aurélie : « Il fallait qu'elle apparût reine ou déesse, et surtout n'en pas approcher » (ch. I). C'est évident aussi avec Adrienne que tout idéalise, donc sépare : la race, la rencontre, la vocation. C'est plus secret, mais non moins certain, avec Sylvie. Avant même qu'elle ne lui apparaisse « comme une sœur » (ch. XI) et qu'elle n'aille prendre place « dans le temple de la Sagesse » (ch. XIII), il n'avait pas eu avec elle un comportement vraiment normal. La peur qu'il éprouve aussi à son égard prend un relief particulier avec le motif de la chambre à coucher. Ce motif, qui fait de la chambre « le lieu de l'interdit [1] », reparaît au moins trois fois dans la nouvelle (ch. V, VI et VIII), aussi fréquent que celui des repas et toujours plus ou moins associé à une réflexion sur la pureté. Il y a là une insistance qui n'est pas nécessairement de mauvais aloi, mais qui, sans appeler l'explication de l'impuissance dont Sébillote a émis l'hypothèse, suggère pour le moins l'existence d'un malaise.

C'est ainsi que « la couleur pourpre » sous laquelle Proust voyait la nouvelle peut bien servir à couvrir tous les feux, des plus nobles aux plus secrets, dont elle brûle. Commencée dans les feux du soleil couchant qui éclairent la pelouse où tourne la ronde des enfants, elle s'achève à peu près à la même heure puisque, « à Dammartin, l'on n'arrive jamais que le soir ». La poésie des soleils couchants contrebalance celle des matins à retrouver. Crépuscule des dieux ? Oui, d'une certaine façon, et G. Poulet [2] a noté que la perte de l'amour pouvait être assimilée à la « mort de la foi », au « silence des dieux ». Parallèlement le héros se retrouve seul, condamné au confort relatif de la chambre d'hôtel et aux visites échelonnées à la famille de Sylvie. Le drame se termine en tragédie et c'est un peu, comme on l'a dit de Kafka, la « tragédie de la mort de Dieu et de la naissance mortelle du célibataire [3] ». Mort du sacré et naissance de l'existence profane. L'annonce brutale de la mort d'Adrienne ne fait que le confirmer. Pourtant des petits matins de Dammartin, on n'aurait pas envie d'écrire ce que rapporte le beau dialogue du mendiant et de la femme Narsès à la fin d'*Electre* de Giraudoux : « Comment cela s'appelle-t-il, quand le jour se lève, comme aujourd'hui, et que tout est gâché... ? — Cela a un très beau nom, femme Narsès. Cela s'appelle l'aurore. » On peut refuser à la tragédie qui termine le drame les tons violents. Ce n'est pas le « Soleil cou coupé » de *Zone*, mais plutôt « l'or paresseux et gras d'un soleil de province » qui traîne sur les marches de la pâtisserie de Dammartin comme sur celles de Combray [4]. Ce n'est pas la grisaille, mais plutôt les « gris de perle chers à l'école française de l'autre siècle » dont parlait Gautier. La fin toute en demi-teintes ne laisse aucun doute sur la profondeur de la tristesse, mais en même temps n'éprouve pas le besoin de pousser les choses au noir. Il n'est même pas sûr que l'éclat de rire et le soupir dont Sylvie accompagne l'annonce de la mort d'Adrienne ne reproduisent pas le schéma double, ambivalent, contradictoire de toute la nouvelle. Par son dénouement même, *Sylvie* serait très proche des *Promenades et Souvenirs* dont R. Chambers écrivait : « Sans grands mots ni gestes de désespoir, la nouvelle s'achève tranquillement dans un inachèvement radical, telles certaines pièces modernes de Beckett ou de Ionesco [5]... » Bref, nous ne quittons pas l'esthétique du drame.

5 L'air et les songes

Idylle et drame, fête et théâtre, Adrienne et Sylvie, rire et soupir, la vraie respiration de la nouvelle est dans ce mouvement d'alternance — ou de coexistence —

---

1. G. RAILLARD, *Nouveau Roman/2 Pratiques*, 10-18, p. 272.
2. *Op. cit.*, p. 78.
3. Cité par G. RAILLARD, *op. cit.*, p. 268.
4. PROUST, *Le Côté de Guermantes*, Pléiade, t. III, p. 205.
5. *Op. cit.*, p. 218.

entre des personnages, des formes, des tons qui sont moins contraires que complémentaires. Ce qu'il nous a paru important de montrer, c'est que Nerval retrouvait instinctivement et conjuguait harmonieusement la loi de bipolarité du langage chère à Jakobson et inscrite probablement dans les catégories de l'esprit. Ne pourrait-on pas pousser ailleurs ou plus loin cette recherche de la bipolarité qui est d'ailleurs au cœur du sacré, comme l'a montré R. Caillois [1] ? Comme l'idéal répond au réel, l'inscription de la nouvelle dans la France de Louis-Philippe a son répondant exact dans la saisie de l'espace aérien où la nouvelle se déploie presque aussi souvent qu'elle ne se traîne sur la terre des hommes. Ce n'est pas pour rien que, dès le départ en voiture, la route de Flandre est élevée « par les collines bleuâtres de Montmorency, d'Ecouen, de Luzarches » (ch. III), que l'on suit l'envol d'un cygne « vers les dernières lueurs du soleil » (ch. IV), que le promeneur apprécie l'air « tiède et embaumé » du matin (ch. V), que les clochers de villages pointent « sur les coteaux bleuâtres » (ch. VI), que le regard suit à Châalis le profil des saints et des anges « sur les voûtes peintes d'un bleu tendre » (ch. VII), que les tilleuls prennent à « leurs cimes une teinte bleuâtre » (ch. VIII), etc. On pourrait ajouter à ce catalogue toutes les images de flèches (qui volent et qui ne volent pas), d'arbres (tilleuls, bouleaux, peupliers), d'oiseaux (merles, fauvettes, mésanges), d'étoiles (de la terre et du ciel), d'élans lyriques même. Il y a dans *Sylvie* une dimension ascensionnelle vraiment marquée qui est l'équivalent de tout ce qui, dans la nouvelle, adhère à la réalité et qui, au moins en partie, est liée aux teintes bleues ou bleuâtres plusieurs fois mentionnées.

A nos yeux cette dimension ascensionnelle est à comprendre comme une dimension spirituelle. Comme Proust l'a dit de l'altitude chez Stendhal. Cela est d'autant plus méritoire dans *Sylvie* que l'histoire se déroule dans un pays de plaine juste coupé de quelques buttes : pour compenser ces insuffisances du relief, c'est la description, *ancilla narrationis* comme l'appelle Genette, qui a tendance à vouloir s'élever. La « poétique du bleu », qui nous a semblé aussi vouloir se dégager de plusieurs notations descriptives, ne peut que développer et prolonger cette tendance si l'on en juge par l'analyse qu'en a faite J. Onimus : « Le bleu nous apporte à la fois la transcendance et la douceur ; non pas une irruption mais une caresse de l'au-delà, l'incarnation la plus tendre possible et la plus humaine de l'infini [2]. » Dans la narration proprement dite, cette « vie spirituelle » n'est pas la négation de la vie matérielle qui, encore une fois, est bien présente. Elle ne se confond pas avec quelque chose de purement éthéré. Elle tient des deux, mais elle est participation moins à la pesanteur des corps qu'à la « sacralité cosmique [3] ». Pourtant ce n'est pas seulement en termes de sacralité que nous poserions le rapport entre la dimension ascensionnelle et la dimension spirituelle de la nouvelle. Ces images d'altitude qui constituent bien un système cohérent de référents, témoignent, pour parler comme Bachelard, de « l'imagination du mouvement ». Elles témoignent tout autant du mouvement de l'imagination nervalienne. C'est à elle que tout est référé. C'est d'elle que tout est induit. L'imagination nervalienne est ce qui enlève tout à la platitude de la vie, ce qui lui fait chercher derrière la matérialité le signe, ce qui l'empêche de regretter de ne pas avoir aliéné sa vie au petit bonheur tranquille avec Sylvie. Si « l'air et les

---

1. *L'Homme et le Sacré,* Idées, Gallimard, en particulier II, 2.
2. *Annales de Nice,* 1967, 2, pp. 142-143. Voir aussi le film de J.-P. LEFEBVRE, *Les Dernières Fiançailles* (tout y est bleu !).
3. M. ELIADE, *Le Sacré et le Profane,* Idées, Gallimard, p. 20.

songes » ont bien partie liée, comme le veut Bachelard, l'imagination aérienne de Nerval dans *Sylvie* prouve par son mouvement même que, selon la belle formule de Prospéro, « nous sommes faits de l'étoffe des songes ».

Sylvie, ce « rêve d'un rêve », a dit Proust admirablement. Oui, Gérard avait rêvé qu'Aurélie l'actrice pouvait être « la même » qu'Adrienne la religieuse. Effrayé (ou stimulé) par cette pensée, il avait rêvé qu'il pouvait retrouver Sylvie telle qu'il l'avait laissée. Devancé, cette fois, par sa pensée, il avait rêvé qu'à la faveur d'une remontée dans l'espace, il pouvait abolir le temps. Rien de tout cela ne s'est réalisé et, de tous ces mouvements spiralés d'approche d'un centre autour duquel il pourrait faire ou refaire sa vie, il n'est rien resté. C'est la retombée sur la terre : « Ermenonville ! pays où fleurissait encore l'idylle antique, — traduite une seconde fois d'après Gessner ! tu as perdu ta seule étoile, qui chatoyait pour moi d'un double éclat. Tour à tour bleue et rose comme l'astre trompeur d'Aldébaran, c'était Adrienne ou Sylvie, — c'étaient les deux moitiés d'un seul amour » (ch. XIV). C'est le plus beau couplet de la nouvelle. Il en contient les deux mouvements essentiels : l'élévation et la chute. Il en métamorphose surtout les données et il en exprime métaphoriquement la façon dont nous devons interpréter la nouvelle. L'événement par lequel le sujet du texte a transcendé la quotidienneté n'est pas à lire comme un fait divers : les journaux en sont pleins. Elle n'est pas qu'une banale histoire arrivée à un « petit Parisien » (ch. XIII). Elle est à lire en altitude, à comprendre comme une catastrophe cosmique. Après l'événement, il ne reste plus aux personnages qui ont joué un rôle qu'à reprendre leur place ou leur partition dans la musique des sphères d'où le poète, ce rêveur fait d'oreilles et d'yeux, avait cru pouvoir les faire descendre. Après l'éclipse de l'actrice, l'astre trompeur d'Aldébaran, ramené à ses deux soleils essentiels que sont Adrienne et Sylvie, disparaît à l'horizon, non dans sa propre grandeur comme ce sera le cas d'Aurélia, mais dans une série d'éclatements. Sur *Sylvie* plus que sur *Le Misanthrope* (parce que les métaphores cosmiques de Nerval nous y invitent) pourrait être porté ce jugement d'ensemble : c'est « un peu la narration de l'explosion d'un système solaire, ou d'une galaxie, — explosion qui n'est possible que parce que chaque astre ou chaque planète n'existe qu'en fonction de son propre centre de gravité [1] ».

La terre continuera quand même à tourner et Gérard à aller dans le Valois, même s'il n'y a plus de route directe « pour se rendre à Ermenonville ». On continuera à rêver de l'âge d'or, d'un autre temps, d'un autre soleil. Pour rien ? Non...

6 Le soleil d'or

L'œuvre désormais est là avec sa nostalgie du soleil d'or dont elle garde au moins des traces comme d'un astre éclaté : « coupe d'or des légendes » (ch. I), « cheveux d'or » d'Adrienne (ch. II), « dôme doré » de la pendule Renaissance (ch. III), « prés semés de marguerites et de boutons d'or » (ch. V), « ovale au cadre doré » où parade le garde-chasse des Condé (ch. VI), « nimbe de carton doré » autour de la tête d'Adrienne (ch. VII), « glace à bordure dorée » dans la chambre de Sylvie (ch. X), « aubergiste de la Croix-d'or » à Ermenonville

1. J. GUICHARNAUD, *Molière, une aventure théâtrale*, Gallimard, p. 514.

(ch. XII). Bien mieux, elle oppose aux hommages contemporains à « la statue d'or de Moloch » (trois références à l'or matériel dans le seul ch. I), tous les emplois qu'elle fait elle-même des termes et plus particulièrement des verbes qui nous renvoient à la lumière, c'est-à-dire qui renvoient, dans et par le texte, la lumière dont elle est issue : briller (7 emplois), étinceler-étincelant-étincelles (3), illuminer (2), éclairer (5), éclater-éclatant (8), chatoyer (2), rayonner (1), sans parler de nombreux effets de miroirs (3), de reflets (4), et d'éclairages. Un vrai feu d'artifice sémantique.

La voilà, l'apothéose solaire que le héros croyait trouver dans la vie et que l'auteur, c'est-à-dire celui qui se porte garant du texte, a *fixé* (trois emplois dans les deux derniers chapitres) avec plus ou moins d'*ordre* (deux emplois dans les deux derniers chapitres) dans l'écriture ou, mieux, comme il dit, « dans une action poétique » (ch. XIII). C'est peut-être cela, savoir, comme les initiés d'Eleusis, « passer les bornes du non-sens et de l'absurdité » (ch. XIII). Le sourire athénien, divin, solaire de Sylvie est passé de la jeune fille à la nouvelle qui porte son nom : *nomen, numen, lumen.* C'est le sourire même des anges qui, dans la nuit, veillent sur les livres de Bergotte.

A cette lumière recomposée il reste à connaître encore les rayons et les ombres de l'avenir.

III

« Sylvie » dans l'avenir

« Ma situation est bonne, quoique toute dans l'avenir », écrivait Gérard à son père le 2 mai 1854, donc peu de temps après la publication des *Filles du feu*. Compte tenu des internements récents, on comprend qu'il ait voulu le rassurer et se rassurer. D'autre part, Nerval n'est pas le premier écrivain à miser sur l'avenir ; Stendhal aussi s'était fixé un certain nombre de rendez-vous avec la postérité et la postérité n'a pas manqué aux rendez-vous.

Sylvie, plus que n'importe laquelle de ses œuvres, a bien tenu sa place « dans l'avenir » de Nerval, au point qu'on pourrait penser que c'est cette œuvre brève qui a fait en grande partie son avenir. Nerval, même pour le public cultivé, ce sont *Les Chimères* pour la poésie et *Sylvie* pour la prose. Il n'y a pas eu véritablement de nuit sur *Sylvie,* mais les éclairages en ont été divers, sinon divergents. On a envie de dire que les modes d'approche ou d'interrogation de la nouvelle se sont succédé dans le temps et qu'il est assez facile d'en dater les commencements. Mais il faut dire aussi que ces variations de la critique, lors même qu'elles se poussaient les unes les autres, ne se détruisaient pas et cohabitaient volontiers.

C'est pourquoi il nous a semblé bon, tout en suivant en gros la chronologie, d'insister sur les constantes de l'évaluation dont *Sylvie* était l'objet. Comme si *Sylvie* était soumise à un certain nombre de *tentations* permanentes de la part de ses lecteurs ! Sans vouloir établir de parallèle avec Giraudoux et ses *Tentations de la Fontaine,* nous aussi nous en distinguerions cinq, à commencer par celle de

1 L'autobiographie

Gérard de Nerval mort, les interprétations biographiques pullulent sur *Sylvie.* C'est à qui mettra non seulement de l'ordre dans la narration, mais des noms sur ceux de la fiction. Il faut s'y reconnaître, et on ne peut mieux le faire qu'en appelant la vie de l'auteur à la rescousse.

Les amis sont les premiers à s'y employer. Georges Bell, l'ami des derniers temps, le fait avec beaucoup de circonspection en s'en tenant le plus possible au texte : « Sylvie, Adrienne, écrivait-il en 1855, sont des noms qui sont souvent revenus dans ses œuvres dernières. Faut-il croire qu'il écrivait une autobiographie [1]... ? » Il penche pour le oui, mais il admet qu'il y ait, à côté de la part de la biographie réelle, celle de la fiction. Il écarte même le nom de Jenny Colon comme n'ayant jamais été écrit par Nerval lui-même dans le cadre de l'œuvre. C'est ce nom de Jenny Colon que, au contraire, les critiques de l'époque et d'aujourd'hui font glisser le plus souvent et le plus facilement derrière le visage de l'actrice. Eugène de Mirecourt va plus loin. En tête de la monographie qu'il consacre en 1855 à Mme de Girardin, il fait l'éloge funèbre de Gérard, reprochant en particulier à ses amis de l'avoir abandonné à ses difficultés, et il termine par cette déclaration : « Jenny Colon, — chacun peut le savoir, aujourd'hui que nous sommes en face de deux tombes, était cette Adrienne tant aimée dont le souvenir ne quittait plus le cœur du poète [2]. » Assimilation hâtive puisqu'elle contredit l'œuvre qui en reste — et c'est capital — à la différence, à l'incompatibilité de la comédienne et de la religieuse.

Avec les années, le personnage d'Adrienne est devenu la plaque tournante de la recherche biographique. Aurélie ne pose pas finalement de problème majeur puisque, malgré les scrupules de G. Bell, on retrouve bien en elle les aspects et les éléments de l'aventure de Gérard avec Jenny Colon. Sylvie, elle, en pose trop, parce qu'elle réapparaît dans d'autres œuvres sous d'autres noms, Célénie, Sidonie, Fanchette, et peut-être n'estime-t-on pas qu'elle mérite une pareille attention. Reste Adrienne d'autant plus fascinante qu'elle est moins présente. C'est dire que les chercheurs ne renonceront pas facilement à l'identifier. On pensait avoir trouvé et, depuis Aristide Marie, un pionnier des études nervaliennes, c'est-à-dire depuis 1914, tout le monde a répété à l'envie qu'Adrienne ne pouvait être que la baronne Adrien de Feuchères, entrevue dès l'enfance sur les pelouses de Mortefontaine. Cette intrigante, que le dernier des Condé avait ramenée d'Angleterre et qui fut peut-être à l'origine de sa mort, a non seulement hanté l'imagination de Nerval à la fin

---

1. Cité par J. RICHER, *Nerval par les témoins de sa vie*, p. 44.
2. *Les Contemporains*, Gustave Hazard éd., 1855, pp. 11-12.

de sa vie, mais elle passe effectivement dans *Sylvie,* au moins en surimpression : « Madame de F... était la seule qu'ils eussent vue si imposante et si gracieuse dans ses saluts » (ch. XIII), dit Gérard d'Aurélie au moment où il croit encore pouvoir l'identifier à Adrienne. On ne voit pas bien ce qu'elle peut avoir de commun avec l'Adrienne descendante des Valois et assimilée à la Béatrice de Dante, mais la ressemblance de prénom que son mariage avec Adrien de Feuchères lui a permis d'acquérir a pris valeur de fiche d'état-civil. Il est curieux que, pendant si longtemps, la critique ait emboîté le pas à l'illustre devancier que fut Aristide Marie, sur d'aussi faibles présomptions. Nous touchons bien là les séductions et les faiblesses de la critique biographique.

« L'âge naïf des études nervaliennes » est terminé, a dit récemment P.-G. Castex, et c'est un fait qu'il a fortement dénoncé, après M. Peyrouzet, l'identification d'Adrienne à la baronne de Feuchères. Nous ne reviendrons pas sur les preuves que l'un et l'autre ont données, et aujourd'hui il ne semble plus qu'on puisse retenir l'hypothèse avancée par A. Marie. Mais ne lui a-t-on pas substitué une autre hypothèse ? Selon M. Peyrouzet que P.-G. Castex est tout prêt à suivre, Adrienne a toutes les chances d'être une cousine de Gérard, Sophie de Lamaury, née en 1807 et rencontrée par Gérard à Saint-Germain. Donc dorénavant, on ne jurera plus, à propos d'Adrienne, que par la belle cousine Sophie de Lamaury. Jusqu'à la découverte ou l'apparition d'une nouvelle étoile.

La tentation autobiographique, naïve ou savante, est fortement ancrée dans les habitudes des lectures nervaliennes. Faut-il s'en plaindre, faut-il s'en réjouir ? On peut constater qu'elle n'existerait peut-être pas si elle n'était pas inscrite dans l'esprit même de l'œuvre : sans être une nouvelle à clefs, *Sylvie,* par son jeu même des identités imaginaires, appelle les identifications réelles.

Et Nerval s'est présenté comme un écrivain dont les œuvres tenaient à la vie. Mais ne l'a-t-on pas trop pris au mot ou cru à la lettre, au-delà de ses espérances ? Il ne faudrait pas que la recherche biographique oblitère la perception de l'œuvre. Son excuse — ou sa légitimation — c'est quand même de créer autour de l'œuvre un climat de sympathie et même de familiarité.

2 La douceur valoisienne

Presque dès la publication de la nouvelle, on avait été sensible à la place faite dans *Sylvie* à la poésie de la campagne « des environs de Paris », et c'est même ce qu'on baptisait « idylle », sans en dire beaucoup plus ni sur l'idylle ni sur la poésie de cette campagne. On sentait qu'il y avait là un charme propre, on s'en délectait et on passait. Il était réservé à une autre génération de s'y arrêter, de s'y enraciner ou, plutôt, d'y savourer les délices de l'enracinement. Cette nouvelle flambée sur *Sylvie* pourrait être datée des débuts du siècle ou, si l'on tient à fixer la date du coup d'envoi, il faut se reporter au discours de réception de Barrès qui avait été élu à l'Académie en 1906. On en cite toujours certaines formules, comme celle du « fol délicieux », mais il n'est pas sûr qu'on ne trouve pas encore du charme (un charme nervalien ?) à ses envolées lyriques : « L'automne enveloppe Senlis d'une douceur et d'une tristesse incomparables. Quand les bois commencent à s'effeuiller et que les cloches résonnent à travers la brume d'octobre, les cantons de Chantilly, de Compiègne et d'Ermenonville exhalent une mélancolie tendre et chantante, celle-là même qu'a recueillie Gérard de Nerval dans sa divine *Sylvie*. Les ballades que ce fol délicieux nous a fait aimer sont la voix la plus expressive, le soupir des campagnes du Valois. Ces vieux airs, d'un français si pur, raniment les puissances d'illusion que nous transmirent nos pères. Un trouble inconnu s'empare de nous, un besoin d'amitié tendre et d'amour impérissable, un désir de mourir pour celle qui nous aime, la certitude qu'elle est une fée. Ces charmantes inspirations mêlées d'église, de guerre et d'amour et qui palpitent demi-mortes sur d'anciens lieux de fêtes, c'est tout l'idéal mélancolique et fier des terriens français. Idéal aujourd'hui voilé, souvenir à demi rêvé de notre religion et de notre chevalerie. »

Le ton est donné. Tradition, folklore, nationalisme, tout baigne désormais dans la douceur valoisienne et celle-ci confère à la nouvelle ses lettres de noblesse. Les incantations barrésiennes devaient trouver dans le public lettré de l'époque un très large écho. Nous ne sommes pas étonné qu'A. Marie ait dédié sa grande thèse à M. Barrès et qu'il ait gardé quelque chose des accents du maître. Le culte un peu mythique qui est voué à l'auteur de *Sylvie* s'alimente en grande partie à une mystique du Valois nervalien qui est présenté comme une source de tout vrai régionalisme et de toute vraie poésie. L'enquête « au pays de Gérard de Nerval » publiée en 1914 par J. Boulenger pourrait, au contraire, avoir une certaine apparence démystificatrice, dans la mesure où il montre que la poésie nervalienne est loin d'être aussi exacte et juste qu'on l'attendait : ce n'est pas à Montagny que résidait l'oncle et que se rendait Gérard, mais à Mortefontaine ; Nerval a volontairement brouillé certaines pistes ; les inexactitudes abondent, etc. Pourtant de cette enquête sur place se dégage l'impression d'un Valois nervalien plus vrai, à quelques rectifications près, que le Valois réel. C'est bien toujours la même inspiration que chez Barrès, un pèlerinage dans « ces lieux où l'on respire les plus troublants effluves et le souvenir de Gérard de Nerval mêlé à celui de Rousseau [1] » et qui ne semblent plus avoir pour rôle que de donner vie à la littérature. La tentation biographique visait à retrouver la vie dans la littérature, la tentation géographique aurait, en gros, la visée inverse.

Faisant, en 1956, dans *Le Figaro littéraire,* le bilan de cinqante ans de vogue de *Sylvie,* A. Rousseaux voyait dans ce goût pour le Valois de Nerval « de quoi nourrir, en somme, un symbolisme à la française, par où le romantisme se trouvait délicieusement académisé ». Académisé, mais aussi popularisé et peut-être épuré progressivement de ses relents nationalistes. L. Cellier signale que « Mortefontaine devient un lieu de pèlerinage et, le 9 juillet 1922, est célébrée la fête de Sylvie au pays de l'Ile-de-France ». Plus près de nous, les « mass media » ont repris à leur compte et exploité pour le tourisme le voyage au pays de Sylvie. Pour nous en tenir à des informations précises, c'est le *Petit Echo de la Mode* qui propose une promenade « sur les traces de Gérard de Nerval », c'est *Le Monde* du 18 décembre 1971 qui décrit une promenade semblable « pour partager les émerveillements de Gérard de Nerval ». A une date récente, pendant l'été, une évocation dramatique intitulée « Gérard de Nerval » a été réalisée avec musique de Berlioz et 25 exécutants dans les ruines du château royal de Senlis. A la sortie de cette ville, à laquelle nous voulons bien reconnaître une vocation nervalienne, on peut encore déjeuner dans une auberge qui s'appelle « le chalet de Sylvie ». Ainsi, il y en a pour tous les goûts et on a envie de dire que le Nerval de Barrès n'est plus à la mode et qu'il se perpétue néanmoins, fût-ce sous d'autres formes.

Pourquoi s'en plaindre ? Il ne faudrait pas que *Sylvie,* si largement présente dans ces évocations du Valois

1. *Au pays de Gérard de Nerval,* p. 153.

nervalien, devienne la victime de son succès et, en particulier, de son identification à un pays. Mais c'est un plaisir de se rendre dans ce pays pour essayer d'y retrouver un peu de la poésie qu'y avait trouvée Gérard et, encore plus, de celle qu'il a mise dans sa nouvelle. Rappelons-nous les nombreux voyages qu'il a faits pour prendre « le paysage » de son action et considérons que les conséquences de l'excès dans lequel sont tombés Barrès et ses disciples (au moins par l'arrière-pensée politique qui les animait) n'ont pas à retomber sur « la géographie magique » du Valois, la seule qui n'ait jamais déçu Nerval.

3 « Sylvie » ou la pensée de Nerval

Pour décrire la troisième tentation dont *Sylvie* a été l'objet, nous empruntons à Georges Poulet le titre de son article qui a paru en 1938 dans les *Cahiers du Sud* et a été réédité en 1966 dans ses *Trois Essais de Mythologie romantique.* De 1938 à 1966 se développe une nouvelle ère pour l'interprétation de *Sylvie.* Et d'abord, maintenant, il s'agit bien d'interprétation, c'est-à-dire de savoir ce que Nerval a voulu signifier dans sa nouvelle. Non pas, d'ailleurs, par des démarches abstraites ou des considérations théoriques, mais à travers le mouvement, les tableaux, les événements, les personnages, les images du texte.

Ainsi G. Poulet énonce clairement son propos : « *Sylvie* apparaît comme une *symphonie d'images.* Il nous a paru utile de considérer celles-ci en leur détail, dans l'ordre même où Nerval les a disposées dans *Sylvie,* et de dégager le sens qu'elles offrent dans leur ensemble [1]. » Du détail des images au sens de l'ensemble, la démarche est exemplaire. Elle sera celle de la plupart de ceux qui ont fait la gloire méritée de *Sylvie* et égalé le nom de Nerval aux plus grands de la littérature française. Si, dans l'œuvre nervalienne, d'autres œuvres comme *Aurélia, Pandora,* le *Voyage en Orient* attiraient parfois davantage les projecteurs de l'actualité, *Sylvie,* par sa perfection et par sa richesse mêmes, restait la valeur sûre à laquelle on revenait toujours.

Désormais, au lieu de s'en tenir à l'émerveillement un peu superficiel devant la qualité du chef-d'œuvre ou d'aller chercher dans la biographie ce qu'on pourrait mettre en rapport avec lui, on descend dans ses zones d'ombre, on scrute ses profondeurs, on s'intéresse à ce qu'il contient d'inquiétant plutôt que de rassurant : la merveille de clarté française devient un document d'autant plus difficile à décrypter qu'il se pare de grâces apparemment faciles. Le thème du temps fournit le fil d'Ariane à l'aide duquel on se perd et se repère dans le labyrinthe des couches spatio-temporelles. Mais on inventorie aussi à loisir les autres catégories que sont le rêve et le réel, la souffrance et la mémoire, l'enfance et l'expérience, la vie et la mort. On s'interroge sur ce que sont les trois femmes et on y voit les images de la Mère éternelle ou des trois Venus. Par rapport à ce niveau d'analyse, d'autres, pourrait-on dire, descendent encore plus bas : ils essaient de retrouver dans *Sylvie* non les énoncés plus ou moins clairs de la conscience, mais les dictées nécessairement troubles de l'inconscient, individuel ou collectif. Comme le narrateur s'emploie à arracher aux êtres et aux choses leur secret, le lecteur de ces années glorieuses se fait fort de ne pas laisser Nerval dormir avec le sien.

---

1. *Op. cit.,* p. 22.

Car tout nervalien est bien persuadé qu'il en a un, un seul, et que c'est lui, lui seul, qui a mis la main dessus. Ce secret n'est pas nécessairement celui de l'impuissance que L.-H. Sébillote a diagnostiqué dans *Sylvie* comme dans le reste de l'œuvre : « Le dernier trait que nous voulons souligner est l'inhibition résultant de cette divinisation de l'amante, nous devrions dire plus exactement la modification de son attitude qui laisse intact le sentiment amoureux, mais interdit jusqu'à la pensée d'un comportement viril qui a pour but d'assouvir les pulsions sexuelles [1]. » C'est celui que chacun croit pouvoir découvrir par une lecture attentive. Ainsi chacun conclut à sa façon sur *Sylvie.* Par exemple G. Poulet : « Ce qui se dégage en fin de compte c'est l'idée que le contact avec la réalité ne tue pas l'idéal, mais le fait se retirer des formes terrestres où il resplendissait ; et que du même coup il devient invisible aux yeux de l'homme [2]. » Ou M. Constans : « Le cheminement latent auquel ont contribué, à l'occasion d'une grave crise morale, le trouble de la conscience, un platonisme avoué et l'élan religieux de l'âme, c'est le vrai secret de *Sylvie* [3]. » Ou encore J. Richer : « Pour emprunter un instant le vocabulaire de C.-J. Jung, la féminine et cythéréenne Sylvie, l'inquiétante et nocturne Jenny-Aurélie sont des figures de l'*anima,* tandis qu'Adrienne l'amazone, qui est aussi religieuse, est en relation avec l'*animus* [4]. » Depuis quelques décennies, nous sommes tous, en présence de *Sylvie,* comme des perceurs de secret, armés d'instruments et d'outils plus ou moins perfectionnés, empruntés à la critique et aux sciences humaines.

Cette attitude a eu l'immense mérite d'enlever la nouvelle à ce qu'on lui trouvait au départ de trop limité ou d'un peu léger. *Sylvie* a pris des dimensions et un poids que ses lecteurs du XIXe siècle étaient loin de suspecter. Nulle comparaison ne devient trop audacieuse. G. Poulet y voit une « sorte de *Flûte enchantée* qui aurait ravi et étonné Stendhal[5] ». R. Jean attend de retrouver au cinéma et, entre autres, dans les films comme *Les Fraises sauvages* de Bergmann, « l'impression de reconstituer l'univers du rêve, de la mémoire et de l'angoisse qui est celui de Gérard[6] ». Et qui n'a fait par un biais ou par un autre le rapprochement avec *la Recherche du temps perdu !* Ainsi tous les domaines et les domaines les plus vastes s'ouvrent sous le pas de *Sylvie.* On est loin des timides rapprochements qu'une tradition héritée de Gautier faisait avec les œuvres représentatives de l'idylle. Mais ne peut-on pas craindre que, par une espèce de surenchère, chacun augmente la mise pour mieux s'approprier le chef-d'œuvre ? Sous ces interprétations inflationnistes, la brève nouvelle ne risque-t-elle pas d'être écrasée ?

L'instigateur de ce dépassement des apparences a été, là encore, Nerval lui-même avec sa théorie du palimpseste qu'il énonce dans *Angélique.* Dans *Sylvie,* la démarche qui le conduit à rechercher la peinture derrière le « crayon estompé par le temps » peut inciter à rechercher toujours plus loin la réalité profonde. C'est désormais l'attitude de tout lecteur de *Sylvie,* en dehors même de toute référence à G. Poulet dont l'étude nous a servi ici de modèle et de symbole. C'est Proust qui, en fait, aurait dû tenir ce rôle si ses très belles pages sur *Sylvie* n'avaient pas été publiées dans *Contre Sainte-Beuve* seu-

---

1. *Le Secret de Gérard de Nerval,* Corti, 1948, p. 164.
2. *Op. cit.*, p. 81.
3. *Revue des Sciences humaines,* avril-juin 1962, pp. 249-250.
4. *Op. cit.,* p. 318.
5. *Op. cit.,* p. 19.
6. *Nerval par lui-même,* Le Seuil, 1964, p. 135.

lement en 1954. Avec lui, pour la première fois, *Sylvie* apparaissait comme une œuvre qui s'alimentait aux sources du rêve, qui exprimait les « mystérieuses lois de la pensée », dont la tendre idylle est « un modèle de hantise maladive », etc. Dans les années 1908-1910 où, à la suite de Barrès, on s'enchantait du génie très « Ile-de-France » de Nerval, Proust pressentait la façon d'aborder *Sylvie* que la critique allait mettre trente ans à découvrir. On comprend que tout le monde aujourd'hui se réclame plus ou moins de son mode d'appréhension de la nouvelle. Il est vrai que celui-ci n'a pas pu avoir d'influence directe sur l'évolution de la critique. Mais on se gardera d'oublier son article, « A propos du style de Flaubert », publié en 1920, où déjà il souligne l'importance de Nerval, de *Sylvie* et du « phénomène de mémoire » qui en constitue l'ouverture. Proust est bien à l'aube, sinon à l'origine, de ce renouveau.

4 Les essais descriptifs

A-t-on assez remarqué que, tout en montrant la profondeur troublante de *Sylvie,* ce que Proust inaugurait, c'était moins la recherche du sens que le sens d'une recherche qui s'appuierait sur les éléments formels du récit ? Dans son article de 1920, il se contentait de souligner le « procédé de brusque transition » qu'est dans *Sylvie* la lecture de l'article de journal, le déplacement de l'action qui s'ensuit, le phénomène de mémoire qui l'entraîne. Dans l'étude plus développée du *Contre Sainte-Beuve,* il retenait aussi surtout « l'éclairage » des scènes, la « couleur » de certains tableaux comme de l'ensemble de la nouvelle, ce qui est exprimé dans les noms de pays, ce qui ne l'est pas et reste « entre les mots, comme la brume d'un matin de Chantilly », les glissements de l'ordre temporel, le rôle des « matinées bénies », les « I » de Sylvie... C'est presque en technicien — un technicien de génie — que Proust traverse la nouvelle, même s'il ne se refuse pas à en donner des interprétations.

Ce type de lecture qui s'attache aux qualités formelles a toujours existé dans toutes les études qui ont fait les belles heures du « nervalisme ». Chacun des interprètes de *Sylvie* a donné son tableau ou son schéma des « personnages et temps du récit » (J. Richer), des « plans » de la nouvelle (R. Jean) ou de ses « structures temporelles » (D. Couty). Lorsque l'on aborde *Sylvie* par cet angle de la technique, il semble bien que le temps constitue la dimension privilégiée, celle même que nous avons retenue ici comme inconnue de l'équation. Mais n'ont pas manqué les considérations ou les remarques se rapportant au « découpage des scènes », aux groupements d'images, à l'établissement de listes de « substantifs-clefs », d'adjectifs ou de couleurs (J. Gaulmier). Les recherches sur la construction binaire ou ternaire de la nouvelle s'y rattachent (L. Cellier). Et une thèse comme celle de R. Chambers sur « la poétique du voyage » appliquée à *Sylvie* s'efforce à distinguer « la voix du narrateur » de celle du héros, ramène l'ensemble de la nouvelle à « un problème de réduction et de fusion », s'interroge sur les rapports de la poétique et de la thématique, souligne le rôle de l'écriture, etc., toutes choses extrêmement nouvelles.

Pourtant il semble qu'on s'oriente vers encore autre chose. « Toute interprétation qui se veut unique touche aux frontières, à son insu ou pas, de la théologie », donc est condamnable selon certains [1]. Aux interprétations,

1. J. LEVAILLANT, *Littérature*, n° 13.

même plurielles, on préférera les relevés, les constats objectifs, les statistiques. Les dernières lectures de *Sylvie* dont nous avons eu connaissance — dans le cadre scolaire, il est vrai — se refusent pratiquement à poser la question du sens. Ainsi, dans une étude de *Sylvie* [1], on étudie le chapitre II « comme s'il s'agissait d'un poème isolé : recherche de structures, de fréquences, de thèmes, de niveaux de langage, catalogue des images et des symboles auxquels elles renvoient... » ; on passe aussi à des études de thèmes, mais seulement « après la constitution d'un corpus réellement analysable ». Dans une autre expérience [2], on demande, au moins dans un premier temps, aux élèves de « lire très attentivement *Sylvie* en s'attachant à chercher : 1°) toutes les séries d'éléments en correspondance qu'ils pourront repérer, 2°) la ou les lois d'organisation qui rendent compte du plus grand nombre possible d'éléments ». Réduisant au maximum les « éléments d'interprétation » mais sacrifiant volontiers aux analyses de structures et de thèmes, ce type de travail débouche sur les réalités constitutives de « l'écriture », vise à constituer, même à un niveau modeste, une « théorie de la littérature », voudrait promouvoir l'accession au « métalangage ».

On reconnaît bien là les termes et les procédés de nos modernes théoriciens de la littérature. Y a-t-il dans cette voie un nouvel avenir pour *Sylvie* ? Certainement. Nous ne pouvons qu'attendre que soit fait sur *Sylvie* un travail analogue à celui de Barthes sur *Sarrazine* ou de Genette dans *Figures III*. Vu les dimensions de l'œuvre et les lectures déjà faites (dont celle de R. Jean tout récemment), ce travail pourrait être plus proche de la manière de *S/Z*. Nous verrions donc d'un bon œil une entreprise de « décodage » lancée sur *Sylvie* ou, simplement (!), un essai le plus purement descriptif possible : en repartant à zéro, en s'en tenant aux faits de langue, d'écriture, de récit, en abandonnant tout souci d'interprétation. Il pourrait arriver à *Sylvie*, *mutatis mutandis*, la même aventure qu'aux *Chimères*, sans cesse reprises par J. Géninasca, depuis sa « lecture de *El Desdichado* » jusqu'à sa récente étude publiée chez Larousse en passant par son analyse structurale. Il y faudrait non seulement la mise au point d'une méthode, mais l'application d'une rigueur que les dimensions de la nouvelle permettent relativement et que les résultats déjà obtenus exigent absolument. Chimiquement pure, l'expérience aurait des chances de réussir, c'est-à-dire de donner des résultats qui pourraient relancer la lecture de *Sylvie* dans une voie moins impressionniste (si tant est que ce soit un défaut), plus scientifique (si tant est que ce soit une qualité). Mais en même temps que nous la souhaitons, nous ne pouvons pas ne pas craindre que la nouvelle disparaisse sous les gloses, les formules, les croquis, les équations... C'est peut-être être réactionnaire que de vouloir sauver la nouvelle au mépris de la « théorie de la littérature », mais on a de la peine à sacrifier la pureté d'une œuvre à celle d'une expérience, la précision d'un langage à celle du métalangage.

5 La création

« La montée lumineuse » qui a caractérisé, selon L. Cellier, le destin littéraire de Nerval s'est vérifiée amplement avec *Sylvie*. La nouvelle en a non seulement suivi la courbe ascensionnelle, mais elle l'a souvent déterminée. Et cela peut continuer.

---

1. *Le Français aujourd'hui*, janvier 1972, n° 16, pp. 54-56.
2. *Ibid.*, supplément au n° 23, pp. 1-5.

Il reste un aspect de l'approche de *Sylvie* que nous avons délibérément laissé de côté et qui ne se révèle pas moins fécond que les autres. *Sylvie* n'a pas servi qu'à alimenter des lectures impressionnistes ou savantes qui tendent toutes à faire mieux connaître le chef-d'œuvre. On s'est aussi servi de *Sylvie.* Sinon dans son siècle, au moins dans le nôtre, elle est devenue une mine ou, au moins, une référence. C'est une autre tentation à laquelle est soumise la nouvelle nervalienne. Sans danger pour celle-ci, elle témoigne de son étonnante vitalité. Peut-on en dire toujours autant de ceux qui s'en inspirent ?

Pour Proust, que nous avons souvent rencontré au bout ou au départ des avenues qui partent de *Sylvie*, Nerval a surtout eu valeur d' « excitant », comme le dit B. de Fallois, l'éditeur du *Contre Sainte-Beuve.* Sans *Sylvie*, la *Recherche* aurait été ce qu'elle est, mais il est probable qu'elle a trouvé dans sa sœur aînée une invitation au voyage dans les zones ombreuses du passé et de l'être. Entre les deux, il y a une parenté que la différence de dimensions ne doit pas masquer. C'est au même niveau d'influence que nous situerions l'œuvre de Julien Gracq. On sait l'admiration de l'auteur du *Château d'Argol* pour *Sylvie* : « Je ne connais aucun récit plus enchanté dans notre langue », note-t-il [1], et de « ce chef-d'œuvre tissé avec la buée et les perles du matin » il appréciait particulièrement l' « ouverture magistrale ». N'en entend-on pas l'orchestration dans celle du *Beau Ténébreux* où le journal de Gérard et le drame d'Allan rappellent ceux de l'autre Gérard ? Et « le Roi Cophétua » de *la Presqu'île* ? On croit revenir au pays de Sylvie, là aussi pour un rendez-vous manqué. Ce que Proust et Gracq ont essentiellement de commun avec *Sylvie,* c'est de croire à la langue des signes. Il ne viendrait à l'esprit de personne de dire qu'ils ont imité Nerval.

On ne voudrait pas en laisser planer le reproche sur

Alain-Fournier, mais *Le Grand Meaulnes* (1913) peut donner l'impression d'être une reprise de *Sylvie* : le château, la Sologne, les errances, la dame, les déguisements... Le tort de la critique a été d'accentuer ce rapprochement et de considérer *Sylvie* comme la référence obligée du *Grand Meaulnes*. On comprend qu'une autre critique ait pu être sévère pour lui : « Le Franz du *Grand Meaulnes,* écrit L. Cellier [2], n'est qu'une caricature de l'auteur de *Sylvie* : l'infantilisme n'est pas l'esprit d'enfance ; les " folies " de Franz n'ont rien du mal sacré ; le héros de Sylvie n'épouse pas Sylvie. Quant à Meaulnes, dans la mesure où il est lui-même un reflet déformé de Franz, qui s'aviserait de prendre pour un héros romantique ce paysan parvenu ou ce paysan perverti ? » Moralité : on ne refait pas impunément *Sylvie* ! On se retrouve un peu avec le même problème devant *Le Pays où l'on n'arrive jamais* (1955) d'André Dhôtel, avec cette différence qu'il est redoublé : on pense à la fois à *Sylvie* et au *Grand Meaulnes*. Le plus gros reproche que nous ferions au roman de Dhôtel comme à celui d'Alain-Fournier, c'est que les signes y sont trop clairs, tout est trop évident, trop copieux. Et Gaspard épouse Hélène...

Dans des œuvres plus récentes, les références à *Sylvie* n'interviennent plus de la même façon. Ce sont de vraies références qui témoignent à la fois de l'importance de *Sylvie* et de l'indépendance de l'auteur. Simples collages dans deux romans d'Ariel Denis [3], les citations de *Sylvie* (du ch. II, plus précisément) jouent vraiment un rôle de

---

1. *Cahiers du Sud*, 1966, nos 390-391, p. 177.
2. *Le Grand Meaulnes ou l'initiation manquée*, « Archives », Ed. Lettres modernes, 1963, n° 51, p. 41.
3. *La Vie* (1970), *Roman et autres nouvelles* (1974), Grasset.

contrepoint dans *Intervalle* de Michel Butor [1] : appelées par la lecture d'un roman-photo publié dans un journal et consacré aux amours de Nerval, elles doublent vraiment le film de la brève rencontre que le héros est en train de vivre dans la gare de Perrache à Lyon (la femme rencontrée s'appelle aussi Adrienne). Nous sommes là en pleine modernité.

Malgré sa modernité rendue manifeste par ces divers témoignages, *Sylvie* ne semble pas avoir encore tenté le septième art. Du moins, pas dans une vraie création. On pourrait pourtant parler d'une vocation cinématographique de *Sylvie* qui est prête, semble-t-il, à passer du livre à l'écran avec sa brièveté, son découpage, ses séquences, ses tableaux, ses couleurs même. Certains mouvements de caméra sont suggérés (panoramiques, travellings) et beaucoup de procédés que le cinéma a banalisés sont ici en germe : brusques ruptures, retours en arrière, fondus enchaînés, flou du rêve. La façon même dont Nerval a préparé sa nouvelle sur place obligerait à tourner les « extérieurs », comme on dit, dans le Valois. Bref, il y a là de quoi faire ce que Renoir a réussi dans *Le Fleuve*. Avec cette différence que, peut-être, *Sylvie* est déjà trop proche d'une œuvre de vrai cinéma et qu'il n'est pas sûr que la tentation ne soit pas un piège. Un double piège : pour *Sylvie* qui n'y gagnerait rien et pour le film qui pourrait n'être qu'une belle illustration. Contentons-nous de rêver du film idéal qui serait fait avec *Sylvie* et allons voir les films bien réels qui ne manquent pas d'y faire penser, ceux de Bergman, Resnais, Delvaux, etc. Ce sera encore être fidèle à l'esthétique de la nouvelle.

« Sylvie » comme langage

Quand tout serait dit de *Sylvie* comme récit, il resterait que *Sylvie* existe comme langage et ce n'est pas céder à la mode que d'en parler et de conclure là-dessus. En effet, on a toujours reconnu à Nerval et à sa nouvelle la qualité de l'expression et Nerval a été le premier à la revendiquer : « Concédez-moi du moins le mérite de l'expression », disait-il des *Chimères* dans la dédicace des *Filles du Feu,* et nous pensons pouvoir l'étendre facilement à *Sylvie.* Il est moins facile d'analyser ce mérite.

La langue, qui est, selon Benvéniste, « le moule de toute expression possible », est celle du XIXe siècle, mais, même dans ce contexte, elle ne représente pas n'importe quel niveau. Elle correspond à ce qu'on appelle le niveau « soutenu » et même, il faut le dire, à un niveau fortement marqué par la littérature. Ce n'est pas pour rien que reviennent si souvent les références littéraires et, en particulier, les références à Rousseau ainsi qu'à d'autres

---

1. « Le chemin », Gallimard, 1973.

écrivains du siècle précédent (Goethe, Gessner, Abbé Barthélemy, Roucher). La langue, pour être celle du temps, n'en est pas moins tirée en arrière, au même titre que le récit qui vise à reconstituer un temps d'avant le présent. L'appel à la compréhension des cœurs, lancé dans le dernier chapitre, renvoie à ce que Ch. Bruneau appelle, à propos de Rousseau, la langue de la sensibilité (aux deux sens du mot : sensations et sentiments) : la piste serait à suivre. Mais, dans la mesure où la langue de Rousseau reste relativement proche de celle du temps de Nerval et celle-ci homogène à celle-là, il n'y a aucun parti pris d'archaïsme, seulement un mouvement qui rejoint le mouvement général.

Celui-ci, avons-nous dit, se concrétise par le retour dans une contrée qui aurait gardé plus qu'ailleurs les traces, sinon de l'Age d'or, au moins d'un âge où l'Amour, la Pureté, le Sacré auraient fait sur la terre leurs derniers pas avant de disparaître. De cette île dans la France à laquelle appartient le Valois, la langue propre a-t-elle sombré avec le reste ? Ce n'est pas une question oiseuse pour Nerval. Dans *Angélique*, l'originalité de cette langue — en fait, sa pureté et son mélange — est nettement affirmée : « La langue des paysans eux-mêmes est du plus pur français, à peine modifié par une prononciation où les désinences des mots montent au ciel à la manière du chant de l'alouette... Chez les enfants cela forme comme un ramage. Il y a aussi dans les tournures de phrases quelque chose d'italien, — ce qui tient sans doute au long séjour qu'ont fait les Médicis et leur suite florentine dans ces contrées, divisées autrefois en avantages royaux et princiers » (4e lettre). Mais Nerval ne se lance dans aucune tentative de reconstitution linguistique, se contentant ici et là de rappeler cette pureté. Ainsi en est-il dans *Sylvie* où les chansons continuent à témoigner « d'un français si naturellement pur » (ch. II) et où, tout au plus, apparaissent quelques traits dialectaux, comme le picardisme « *l'ieau* » mentionné deux fois à plaisir (comme dans *Aucassin et Nicolette*), la déformation étymologique « *Châllepont* » pour Charlepont (ch. XI) ou le « *flacon de ratafiat* » autour duquel bavardent les quelques hommes de la nouvelle (ch. XII). Mais là aussi Nerval était beaucoup plus soucieux d'homogénéité que d'une reconstitution vériste de la langue.

En rapport avec cet état de langue moyen, facilement accessible à tous, et néanmoins d'un niveau plutôt soutenu, voire affecté d'une littérarité certaine, il nous semble important d'indiquer aussi que, à travers sa nouvelle, Nerval s'est interrogé, au moins implicitement, sur l'origine de la langue. La question était à la mode à l'époque, et l'on sait que Rousseau se l'était posée dans son *Essai sur l'origine des langues*. Sans connaître cet essai, Nerval, par une sorte d'affinité secrète avec Rousseau dont *Sylvie* témoigne largement, en reprend à son compte les fondements. Pour Rousseau, la formation des langues du Sud et du Nord correspond à un double besoin : « Le continuel danger de périr, dit-il des hommes des premières sociétés, ne permettait pas de se borner à la langue du geste, et le premier mot ne fut pas chez eux [ceux du Nord], *aimez-moi*, mais *aidez-moi* [1] ». Négligeant la distinction entre Nord et Midi qui ne peut plus avoir cours au point de développement où en sont les sociétés, les motivations de la langue de *Sylvie* ne retrouvent-elles pas naturellement ces deux appels de fond ? La première partie de la nouvelle ne fait-elle pas que moduler le « *aimez-moi* » des rencontres amoureuses, à l'heure où tous les espoirs sont

1. Ed. « Bibliothèque du Graphe », p. 527.

encore permis ou, plutôt, lorsque ces espoirs sont recomposés dans la voiture ? Recomposer ces souvenirs, c'est d'ailleurs se livrer à une opération linguistique, puisque c'est former « un nouveau système [...] à partir d'éléments dégagés par analyse [1] ». Lorsque Gérard est confronté à la réalité de la vie, l'appel qu'il lance à Sylvie dès le ch. VIII : « Sauvez-moi ! », est le décalque exact du cri analysé par Rousseau : « *aidez-moi !* ». Toute la deuxième partie n'est qu'un long appel à l'aide.

Sur la base de ce double appel qui ne reçoit pas finalement de réponse positive, on comprend que la parole qui, selon Saussure [2], représente dans la langue l'individuel, l'accessoire, l'accidentel, soit frappée d'une certaine disgrâce ou que, en tout cas, elle se présente, ainsi que nous l'avons dit, comme le lieu du conflit : entre la première et la deuxième partie, entre le moi et l'autre, entre l'espoir et la désillusion. Le moment précis où Gérard sent que s'abat sur lui la malédiction des réprouvés est celui où il se rend compte que Sylvie *phrasait* (ch. XI). Auparavant déjà, les seules phrases de bonheur étaient celles qui étaient rapportées au passé : « Nous allions boire du lait à la ferme suisse, et l'on me disait : “ Qu'elle est jolie, ton amoureuse, petit Parisien ! ” » (ch. IX). La machine à paroles s'emballe même dans le ch. XII où le père Dodu tient la vedette, mais elle ne fait que masquer l'échec. L'importance et l'ambiguïté de la parole se retrouvent dans le dernier chapitre : « Rousseau dit que », « Je me dis », « J'oubliais de dire », « Elle partit d'un grand éclat de rire en disant ». Le dire et le rire ; Il ne s'agit que de dire (et il n'y a pas de quoi rire) que, de tout ce sur quoi on avait compté, le bonheur avec Sylvie, le rêve avec Adrienne, rien n'a tenu sa promesse. Parole de malheur, malheur de la parole.

Cette méfiance à l'égard de la parole a peut-être sa source dans l'intuition que Saussure tire au clair : « C'est dans la parole que se trouve le germe de tous les changements [3]. » Elle n'a d'égal, semble-t-il, que la confiance à l'égard de l'écriture, ce qui est écrit par les autres comme ce qu'on écrit soi-même. « L'écriture, dit un personnage de *Juan Maldonne*, est un moyen de mentir au temps, on ment au passé, on prend ses précautions pour l'avenir [4]. » Par la lecture, ce que les autres ont écrit continue à vivre pour moi, et il est vrai que le chemin sur lequel s'avance *Sylvie* est un chemin qui s'ouvre entre des livres. Ce sont même les vrais repères de l'itinéraire : *La Nouvelle Héloïse* est plusieurs fois nommée, mais il y a aussi l'*Emile*, l'*Anacharsis*, les *Géorgiques*, les romans de W. Scott, le *Songe de Poliphile*, les *Idylles* de Gessner, les vers de Roucher, *Werther*. Ainsi Gérard ne s'avance pas tout à fait seul sur la route qu'il suit. Peut-être est-ce justement la fonction de la littérature que de fournir une compagnie et cette fonction s'accroît dans *Sylvie* au fur et à mesure que Gérard s'enfonce dans la solitude. Fonction de compensation, au moment où celle de la communication directe qui revient à la parole est de plus en plus faussée. A plus forte raison cette médiation de l'écriture jouera-t-elle lorsque le héros y aura recours lui-même. Nulle part ce recours n'est mieux montré que dans le chapitre XIII où il quitte Paris pour aller écrire en Allemagne le drame qu'il rapportera plus tard à Aurélie et où il écrit à celle-ci lettre

---

1. A. MARTINET, *Eléments de Linguistique générale,* Armand Colin, U, p. 135.
2. *Cours de Linguistique générale,* Payot, 1955, p. 30.
3. *Ibid.*, p. 138.
4. Roman de Michel DARD, Le Seuil, 1973, p. 202 (Prix Femina 1973).

sur lettre. C'est bien ce drame et ces lettres qui obtiennent d'Aurélie un début de liaison que la parole ne tardera pas à détruire. Ce rôle conféré à l'écrit est symbolique de tout le crédit que le narrateur ne pouvait qu'accorder à la littérature et sans lequel il n'aurait jamais écrit *Sylvie.* Cette pratique du langage écrit — à défaut du chant qui, comme chez Rousseau, représente un état antérieur et supérieur — est la seule qui se révèle authentiquement favorable. Intituler *Dernier Feuillet* le dernier chapitre, alors que les autres se placent tous au niveau de l'expérience vécue, c'est souligner que, en dernier ressort, *Sylvie* compte surtout comme texte. Bref, lorsque (ou parce que) tout a raté, « l'écriture proprement dite, celle qui produit des textes », comme l'appelle Barthes, est bien le dernier soleil vers lequel se tourne cette forme particulière de l'expérience humaine qu'est le langage. S. Felman a raison d'écrire : « Le sujet est un médium du langage, et non le langage médium du sujet [1]. »

Le *Dernier Feuillet*, dans lequel le récit prend conscience de lui-même comme texte, pourrait même contenir une amorce de théorie du langage que ne désavoueraient pas nos modernes spécialistes de la linguistique. On y trouve presque explicitement formulé « le modèle triadique » qui est, selon Jakobson après Bühler, le « modèle traditionnel du langage [2] », avec ses trois sommets correspondant à la 1re personne, le destinateur, à la 2e personne, le destinataire, et à la 3e personne proprement dite — le « quelqu'un » ou le « quelque chose » dont on parle. « Telles sont les chimères... », dit en effet Nerval en tête de ce chapitre et voilà affirmée la fonction référentielle du langage. « J'ai essayé de les fixer sans beaucoup d'ordre » : l'aveu correspond à la fonction dite « expressive ou émotive » et « vise à une expression directe de l'attitude du sujet à l'égard de ce dont il parle [3] ». Dans le même mouvement, sans solution de continuité, nous trouvons la fonction conative, orientée vers le destinataire : « mais bien des cœurs me comprendront ». Il se trouve même que, presque immédiatement, ce modèle à la fois se confirme et éclate dans le sens même de l'analyse de Jakobson qui définit « la fonction magique ou incantatoire [...] comme la conversion d'une " troisième personne " absente ou inanimée en destinataire d'un message conatif [4] ». A cette fonction-là correspond le grand mouvement lyrique où le poète en prose s'adresse à la seconde personne à Ermenonville et aux autres villages du Valois qui ont constitué la carte de l'histoire, avant de revenir progressivement à la 3e personne. Il serait presque à croire que Nerval avait prévu un point essentiel des analyses de Jakobson puisqu'il ne manque pas aux considérations initiales du *Dernier Feuillet* la fonction métalinguistique en vertu de laquelle l'auteur, en même temps qu'il utilise le langage-objet, l'analyse et le juge : « Qu'on me pardonne ce style vieilli », écrit-il, avec un certain recul marqué par un tiret, de l'image-métaphore qu'il vient d'employer.

Pourtant ce n'est pas d'une théorie, mais bien d'une pratique du langage que relève essentiellement *Sylvie.* En effet la dernière fonction du langage qui est la fonction poétique nous amène à considérer le « message » en lui-même et à voir la place qu'il tient. Il est évident qu'il ne sert pas qu'à assurer la communication. De la fonction de communication, on a la manifestation directe dans les paroles qui sont rapportées, dans les dialogues qui

---

1. *Romantisme*, 1973, n° 6, p. 9.
2. *Essais de Linguistique générale*, Ed. de Minuit, 1963, p. 216.
3. *Ibid.*, p. 214.
4. *Ibid.*, p. 216.

sont établis. Mais, dès ce moment et toujours dans le même souci d'homogénéité, l'auteur ne cherche pas à faire réaliste. Par une espèce d'osmose, les conversations tendent à se rapprocher du niveau du récit : à preuve, le bref dialogue entre Gérard et Sylvie pendant la cueillette des fraises, dialogue peu « naturel », très « littéraire » même. En dehors des dialogues et en tenant compte de la forme du discours dans laquelle s'inscrit la nouvelle, le message, sans se prendre pour fin comme le serait un véritable poème, accorde une place préférentielle à la qualité de l'expression, donc à la fonction poétique. Peut-être même, à la limite, *Sylvie* pourrait-elle apparaître comme une œuvre précieuse, quintessenciée, en tout cas recherchée, et c'est peut-être ce risque qu'entrevoyait Nerval lorsqu'il se plaignait de trop perler en composant *Sylvie.* Mais, comme nous l'avons noté, c'est aussi une qualité de la « voix » que définit ce terme (« O jeune fille à la voix perlée »), que cette voix s'exprime par le chant ou par l'écriture. Cette qualité de la « voix », quand on a voulu en parler, a souvent trouvé des correspondances dans le domaine musical, c'est-à-dire dans un domaine de l'expression où le « message » compte surtout en lui-même et pour lui-même. « Son grêle de clavecin », disait N. Popa. « Flûte nervalienne », dira plus tard M. Mourot. L.-H. Sébillote développe longuement le rapprochement entre le langage de *Sylvie* et celui de la musique [1]. Tout récemment Cl. Roy écrivait : « Il semble jouer sur une épinette du Valois une musique doucement fanée... [2] », quitte à rattraper vigoureusement ce que cette appréciation pouvait avoir de fade. Pour notre part, nous dirions volontiers que le langage nervalien, dans *Sylvie* plus que dans n'importe quelle autre œuvre, est tout proche, selon une formule de J. Lonchampt, du « cristal mozartien ». Ce serait le troisième sommet du triangle des intercesseurs du XVIIIe siècle dont les deux autres s'appellent Watteau et Rousseau. N'est-ce pas en hommage à Mozart que Gérard *écrit* « des montagnes de Salzbourg » sa lettre à Aurélie ?

Avec *Sylvie*, finalement, nous remontons bien en direction des sources du langage, à ce langage d'avant l'écriture qui a pu s'exprimer par le chant comme l'affirme Rousseau et comme Nerval le confirme (sans donner plus de preuves) dans *Les Vieilles Ballades françaises* de 1842 : « Avant d'écrire, chaque peuple a chanté. » De ce stade, Nerval garde la nostalgie si l'on en juge par la place qui est faite dans *Sylvie* aux chansons folkloriques (ch. II, III, VI, XI) et surtout il s'en rapproche le plus possible en donnant par son style un équivalent littéraire. Mais, en fait, Nerval oscille entre ce qui dut être — toujours selon Rousseau qui est le vrai parrain de *Sylvie* — le premier langage (c'est-à-dire le langage figuré) et le langage utilitaire de la communication, et il se tient le plus souvent dans un niveau intermédiaire où, sans forcer la note, il mêle harmonieusement les deux. De ces trois niveaux de l'écriture, nous avons un exemple parfait dans le *Dernier Feuillet* où l'on peut opposer au caractère nettement poétique des deux paragraphes initiaux (avec leurs figures de style) celui, volontairement prosaïque, des deux paragraphes de la fin (avec la brutalité de l'information) et d'où il ressort que c'est encore dans les deux paragraphes du milieu que Nerval est le plus lui-même, là où sont liées indissolublement la fonction poétique et la fonction référentielle. Ce doit bien être cela la prose poétique, celle de Nerval du moins.

---

1. *Op. cit.*, pp. 169-170.
2. *Les Soleils du Romantisme*, Gallimard, 1974, p. 321.

Ainsi, tout particulièrement par son *Dernier Feuillet*, *Sylvie*, dont nous avons tenu à marquer dès le début le caractère allégorique, pourrait être donnée comme une allégorie du langage, dans les rapports qu'elle établit entre langue, parole et écriture, dans les modèles qu'elle dessine de ses fonctions, dans les niveaux qu'elle superpose ou mêle, à égale distance d'un langage pur de toute signification et d'un langage tributaire de la communication courante, donc à égale distance du sacré et du profane. A défaut du bonheur des êtres est signifié le bonheur, mi-sacré mi-profane, des mots.

Lorsque tout est perdu, si quelque chose est donné comme sauvé à la fin de *Sylvie*, c'est bien l'écriture. Dans l'harmonie des tons et des teintes. Sans fausse note. Avec tous les jeux subtils et tissés dans la trame du récit que peut constituer l'usage discret de l'image-métaphore (l'étoile), du tiret (qui donne un relief certain à la phrase), du rythme (qui fait du paragraphe sur Ermenonville une ode avec strophe, antistrophe et épode), du lyrisme (avec ses répétitions, ses deuxièmes personnes, ses invocations), de l'ironie (l'édredon, les pistolets), du nom propre (qui est, selon Barthes, « la forme linguistique de la réminiscence [1] »)... Ces quelques traits — tous empruntés au *Dernier Feuillet* qui est comme le microcosme de la nouvelle — doivent bien être des éléments constitutifs du style, de ce qu'on a appelé la magie de Nerval. C'est cela, finalement, le « Soleil tournant qui rayonne de feux magiques » : il est fait de toutes les vibrations personnelles que Nerval a imprimées à sa nouvelle comme marque spécifique.

Le destin de *Sylvie* dans notre temps bénéficiera-t-il encore longtemps de cet éclairage aux tons à la fois contrastés et harmonisés ? Ce qui a fait son succès pendant plusieurs lustres ne risque-t-il pas de tourner à son désavantage ? On craint pour elle des lendemains qui déchantent. Nerval pouvait déjà, dans son *Dernier Feuillet,* le redouter. Le « style vieilli » qu'il avait l'air de se reprocher n'était plus déjà celui dont on faisait vanité, les pistolets de Werther, qui n'étaient plus à la mode, laissaient par leur absence le héros démuni, vaguement ridicule, et *Sylvie* appartient à la catégorie de « ces livres si courts qu'on ne fait plus guère ». Aujourd'hui *Sylvie* est menacée au moins sur deux fronts. D'abord par ceux qui, comme Nizan, peuvent penser que nous sommes là en présence d'une littérature démobilisante, à l'image de celle que prônaient les donneurs de conseils de sa jeunesse : « On plaçait haut dans la civilisation les romanciers des aventures intérieures, les psychologues de la conversation, on félicitait les jeunes gens et les petits employés de se faire des vies imaginaires : cela s'appelait par exemple le temps retrouvé[2]. » Que peut-il advenir, d'autre part, de *Sylvie* dans l'univers — y compris l'univers linguistique — des « petits enfants du siècle », c'est-à-dire dans les Sarcelles d'aujourd'hui et les Alphavilles de demain ? La nouvelle sera-t-elle lue ? Lisible ? A-t-elle un avenir dans la bande dessinée ? N'y perdra-t-elle pas le meilleur d'elle-même ?

Nous voulons croire que, tant que subsistera parmi les hommes « le plaisir du texte », la fortune de *Sylvie* est assurée. Elle ne sera pas nécessairement éclatante, il lui suffit d'être. « Sur le plaisir du texte, nulle " thèse " n'est possible ; à peine une inspection (une introspection), qui tourne court. *Eppure si gaude !* Et pourtant, envers et

1. « Proust et les noms », texte recueilli dans *Le Degré Zéro de l'Ecriture*, col. « Points », Le Seuil, 1972, p. 124.
2. *Aden-Arabie,* Maspéro, 1973, p. 129.

contre tout, je jouis du texte [1]. » Mais nous ne voulons pas croire non plus qu'on se résigne à abandonner *Sylvie* au moment où l'on redécouvre un Italo Svevo. « L'angoisse devant la vie, l'incapacité d'être au monde, le sentiment fondamental de culpabilité, le désir de destruction, l'échec vertigineux dans les relations avec autrui, la fuite narcissique en soi-même, quel contemporain ne trouverait là un reflet de son image intime [2] ? » C'est l'image de *Sylvie*, c'est-à-dire le langage de notre condition.

Sylvie est vraiment, pour reprendre le titre de Cl. Roy et la ligne principale de notre étude, un des soleils les plus purs et les plus sûrs de notre Romantisme.

1. R. BARTHES, *Le Plaisir du Texte,* Le Seuil, 1973, p. 56.
2. *La Quinzaine littéraire,* 16-30 sept. 1973, n° 171, p. 7.

Appendice

Plusieurs fois, au cours de cette étude, nous sommes revenu sur la lettre envoyée par Gérard de Nerval à Maurice Sand. Nous croyons utile de la reproduire ici. Elle a été publiée pour la première fois par M. Jean RICHER dans *La Quinzaine littéraire* du 16 au 31 mai 1971, puis reprise dans son édition de la correspondance au tome I de la Bibliothèque de la Pléiade.

à M. MAURICE SAND
« Peintre »
Au chateau de Nohant
— en Berry
5 novembre 1853

Mon cher Monsieur

J'ai écrit il y a trois ou quatre mois un petit roman qui n'est pas tout à fait un conte. C'est intitulé « Sylvie » et cela a paru dans la *Revue des Deux Mondes* ; peut-être l'aurez-vous lu. Pardon de vous écrire à propos de cela mais voici le fait : je voudrais faire imprimer « Sylvie » dans un petit livre in-18, avec des illustrations. J'ai rencontré hier Hetzel, qui se trouvait à Paris. Il ne voit que vous qui puissiez me faire des dessins que l'on convertirait en « bois » ou en eaux fortes. Croyez-vous avoir le temps de crayonner quelques croquis ? Mais j'ai peur que le temps vous manque, car je voudrais arriver au commencement de décembre. Le sujet est un amour de jeunesse : Un Parisien, qui, au moment de devenir épris d'une actrice, se met à rêver d'un amour plus ancien pour une fille de village. Il veut combattre la passion dangereuse de Paris, et se rend à une fête dans le pays où est Sylvie — à Loisy, près d'Ermenonville. Il retrouve la belle, mais elle a un nouvel amoureux, lequel n'est autre que le frère de lait du Parisien. C'est une sorte d'idylle, dont votre illustre mère est un peu cause par ses bergeries du Berry. J'ai voulu illustrer aussi mon Valois. Prêterez-vous la main à cette restauration intéressée ? Je vais toujours vous envoyer les feuilles. Il y aurait : « La fête de l'arc » dite du bouquet provincial — un banquet rustique dans un temple à demi ruiné, avec des barques sur le lac, — une scène de reconnaissance à un bal — une scène chez une vieille tante, où les amoureux se déguisent avec ses habits de noces et ceux de son mari (costumes du temps passé) — une représentation à l'abbaye de Châalys par les demoiselles d'une pension, qui jouent une pièce religieuse, — une scène d'amour dans les bois, un âne et un petit garçon qui suivent — un souper dans une ferme avec un vieux paysan qui chante des gaudrioles. Voilà les principaux sujets ou du moins vous pourriez choisir là dedans. Il y a encore une scène de comédiens dans la forêt de Chantilly, une danse de jeunes filles sur le parterre d'un chateau du temps d'Henry 4, etc. J'ajouterai à cela des vues d'Ermenonville, de Morfontaine et de Dammartin. La nouvelle vous indiquera suffisamment le genre du paysage qui est celui des Watteau et des Lancret. C'est là le genre même, moins sévère que le paysage du Berry, qui donnerait un caractère aux compositions. S'il était possible que cela vous plût j'en serais bien heureux. On m'a fait une traduction excellente en allemand, et les gravures serviraient pour les deux publications, et pour la traduction anglaise, pour laquelle j'ai une proposition. J'ai vu chez Giraud des dessins coloriés de vous qui sont charmants. Il suffirait de croquis même, puisqu'il faudra toujours mettre sur bois. Il y a deux femmes, l'une, l'actrice est blonde, type bourbonnien : Louise d'Orléans par exemple. L'autre a le type grec : Minerve, souriante et naïve, si cela peut se concevoir. Le reste peut être inventé. [...]

(La suite de la lettre qui ne se rapporte plus directement à *Sylvie* pourra être consultée dans l'édition de M. Jean Richer. Comme celui-ci, nous avons respecté l'orthographe de Nerval.)

Bibliographie

I Œuvres de Nerval

(comprenant, entre autres, l'édition de *Sylvie*)

Œuvres, I, Bibliothèque de la Pléiade, Gallimard, 1974, texte établi, annoté et présenté par Albert BÉGUIN et Jean RICHER.

Œuvres, I, Editions Garnier, 1966, présent. par Henri LEMAITRE.

Sylvie, Aurélia, Collection Romantique, Corti, 1964, édition présent. par Raymond JEAN.

Les Filles du Feu, les Chimères, Garnier-Flammarion, 1965, chronologie et préface par Léon CELLIER.

Les Filles du Feu suivi de Aurélia, Folio, Gallimard, présentation et notes par Béatrice DIDIER.

Les Filles du Feu, Petits Châteaux de Bohème, Le livre de poche, 1973, introduction de Raymond JEAN.

Sylvie, les Chimères, Nouveaux classiques Larousse, 1973, présentation par Daniel COUTY.

Sylvie, les Chimères, Aurélia, Sélection littéraire Bordas, 1967, présentation par A.-M. MAREL et H. MAREL.

II Etudes sur Nerval

(comportant toutes un chapitre ou des pages sur *Sylvie*)

Léon CELLIER — *Nerval,* Connaissance des Lettres, Hatier, 1re édition en 1956, réédition en 1974.

Ross CHAMBERS — *Gérard de Nerval et la poétique du voyage,* Librairie Corti, 1969.

Jean GAULMIER — *Gérard de Nerval et les Filles du Feu,* Librairie Nizet, 1956.

Anita GROSSVOGEL — *Le Pouvoir du Nom,* Essai sur Gérard de Nerval, Librairie Corti, 1972.

Raymond JEAN — *Nerval par lui-même,* Le Seuil, 1964.
La Poétique du Désir, Le Seuil, 1974.

Michel JEANNERET — « Ironie et distance dans *les Filles du Feu* », dans *Revue d'Histoire littéraire,* Janv.-févr. 1973.

Jean RICHER — *Nerval, Expérience et Création,* Hachette, 1963, rééd. 1970.

Charles SAMARAN — *Paysages littéraires du Valois* (Rousseau, Nerval), Klincksieck, 1964.

Kurt SCHÄRER — *Thématique de Nerval,* Minard, 1968.

III Etudes sur *Sylvie*

Jacques BOULENGER — *Au pays de Gérard de Nerval,* Champion, 1914.

Pierre-Georges CASTEX — *« Sylvie » de Gérard de Nerval,* Sedes, 1970.

Léon CELLIER — *De Sylvie à Aurélia,* Archives des lettres modernes, 131, Ed. Lettres modernes, 1971.

François CONSTANS	« *Sylvie* et ses énigmes », dans *Revue des Sciences humaines*, Avril-juin 1962.
Pierre MOREAU	*Sylvie et ses sœurs nervaliennes*, Sedes, 1966.
Georges POULET	« *Sylvie* ou la pensée de Nerval », dans *Trois Essais de Mythologie romantique*, Corti, 1966.
Marcel PROUST	« Gérard de Nerval », dans *Contre Sainte-Beuve*, Gallimard, 1954, repris dans la collection « Idées », Gallimard.
Jean RICHER	*Nerval au royaume des archétypes*, Archives des Lettres modernes, 130, Ed. Lettres modernes.

Table

Imprimé en France par Offset-Aubin, 86-Poitiers
Dépôt légal n° 1087 - 3e trimestre 1975
Collection 08 - Edition 01
Imprimeur - N° 5654

I.S.B.N. 2.01.002263-7 VII-75 16/4566/2